山东省实验中学庆祝建校70周年丛书

1948—2018

實驗大事记

（2008年8月~2018年7月）

韩相河　主编

山东大学出版社

图书在版编目（CIP）数据

实验大事记：2008年8月—2018年7月/韩相河主编．—济南：山东大学出版社，2018.8

ISBN 978-7-5607-6138-1

Ⅰ．①实…　Ⅱ．①韩…　Ⅲ．①山东省实验中学—校史—大事记—2008—2018　Ⅳ．①G639.285.21

中国版本图书馆CIP数据核字（2018）第203986号

责任编辑：姜　山

封面设计：张　荔

出版发行：山东大学出版社

社　址　山东省济南市山大南路20号

邮　编　250100

电　话　市场部（0531）88364466

经销：山东省新华书店

印刷：济南华林彩印有限公司

规格：720毫米×1000毫米　1/16

14印张　200千字

版次：2018年8月第1版

印次：2018年8月第1次印刷

定价：42.00元

《实验大事记》编委会

主　编　韩相河

副主编　陆彩霞　何庆利　张忠军　刘允锋
钟红军　林宝磊　张宏刚

编　委　张谊和　王怀方　郭尚民　陈　鑫
夏永丽　丁卓然　李　倩　金彦蓉
于　雪　彭苗苗　闻　超　马婷婷
刘信彤　孙　越　王　芳

前　言

风云舒卷，岁月不居。山东省实验中学（以下简称“实验中学”）即将迎来她的70华诞。

实验中学肇建于1948年，几乎与共和国同龄。她的发展，就是新中国教育的缩影。由于历史赋予的“实验性”和“示范性”，实验中学一直勇于劈波斩浪、探索创新，因而得以屹立于教育改革潮头70年而不衰。

中华人民共和国建立之初，实验中学积极贯彻国家教育方针，在课程、教法、育人模式等方面进行了卓有成效的探索。21世纪70年代末，高考制度恢复后，实验中学取得了斐然的成绩，让人们重新认识到知识的魅力，赢得了社会的广泛赞誉；新课改以来，又是实验中学鲜明地提出“为每一个学生创造主动发展的无限空间”的教育理念，努力创办“高境界、高品质，能够影响学生一生发展的教育”。70年春华秋实，实验中学已经奠定了自己“高远、大气、宽松、求新”的文化根基，为国家和社会培养了数以万计的优秀学子。近年来，学校全面推进“幸福教育”，努力创建民主、平等、尊重的生活方式，让每一个实验学子都享有“公平有质量、理性有温度”的教育，使校园成为师生“倾心对话的乐园，求知创造的学园，愉悦幸福的家园”。

为追寻实验中学70年的历史足迹，铭记实验的优良传统，展示实验的教育成果，为建校70周年献礼，学校特别编辑出版了这套丛书。丛书共两本，即《实验大事记》和《实验耕耘录》。

《实验大事记》是对近10年校史资料的整理，较为全面地展示了实验中学新课改时期的发展历史，是前60年校史的赓续和补充

（前60年校史已于2008年整理并出版）。历时一年完成，客观真实，具有一定的史料价值。

《实验耕耘录》则真实生动地展示了学校近年来教育教学和科研的成果。所选文章既有扎实严谨的学术论文，也有新颖活泼的教育随笔，其内容都是对教育教学中“真问题”的思考，是我校“科研兴校”理念结出的硕果。

由于时间仓促，人力有限，这套丛书难免存在一些不尽如人意之处。《实验大事记》以校园新闻中的主要线索作为参照，而且所获荣誉必须是校级以上，“侧重集体，淡化个人”，对一些老师和同学的个人荣誉体现得可能不够充分。《实验耕耘录》则以学校教科室发起的一次向校庆献礼的征文活动中征集到的论文为主，限于篇幅，没有通过更多的渠道征稿，所以也难免有遗珠之憾。在此，请广大读者予以谅解，恳请大家提出宝贵意见。

衷心希望这套丛书能够得到广大师生和校友的认可，也衷心祝愿实验中学的明天更加美好！

山东省实验中学校长、党委书记

2018年5月

目　录

2008年

8月1日

学校新课程培训领导小组在实验楼接待室举行课程专题培训。

8月12~13日

学校举行了2008年暑期读书会，学校中层以上干部及教研组长近60人参加。刘堃校长在读书会上作了《学校发展与发展学校》的主题报告。

8月15日

在桓台县召开的全省未成年人思想道德建设工作座谈会上，我校被授予“山东省未成年人思想道德建设工作先进单位”称号。我校是济南市高中学校唯一获此殊荣者。

8月16日

学校在实验楼召开新高一班主任培训会，刘堃校长作了《如何面对一个优秀学生群体》的主题报告。

8月24日

我校举行2008级新生军训，并于24日举行军训汇报表演，受训新生进行了分列式展示、军训科目汇报表演。

8月25日

我校高一新生为期9天的入学教育结束，2008级新生已获得了他们高中三年的首个学分。根据我校的新课程实施方案，除军训外，开设校本课程《走进实验，融入实验》，是我校入学教育的另一项重要内容。

8月26日

在青岛二中举行的第17届全国生物学奥林匹克竞赛中，我校

2006级14班的孔攀同学勇夺金牌，并顺利进入国家集训队，参加将于年底在北京举行的国家队选拔考试。

8月29日

我校召开新学期全体教职工大会。

8月31日

我校在学校体育馆举行高三誓师大会。

9月1日

我校师生在学校操场举行新学期开学典礼。组织全体同学收看央视入学教育专题节目《开学第一课》。

9月2日

我校校友崔剑平烈士牺牲11周年纪念日，我校师生在剑平石前举行纪念活动，表达对崔剑平烈士的怀念。

我校2006级一班刘浩同学成功入选2008年北京奥运会帆船赛（青岛）的赛会志愿者，并被评为“志愿者之星”。

9月9日

刘堃校长主讲《如何打造学校课程体系》专题培训课。

我校第二外语教研组正式成立，除日语外，又增加了韩语，并即将开设德语，我校的外语课程体系更加完备。

9月10日

学校在6楼礼堂举行庆祝第24个教师节暨建校60周年联欢会。

我校2002届毕业生吕晓磊荣获2008年北京残奥会男子乒乓球M9-10级比赛金牌。

9月12日

我校特级教师胡宏智老师迎来了78岁寿辰，市总工会生产部吕部长和我校党委副书记王如恒、工会主席辛静代表学校领导和老师前往祝贺华诞。

为庆祝建校60周年，学校组织开展了“学兄学姐对你说”优秀校友系列报告会：两赴南极的我校第74届老校友周慧敏作了《创新是我前进的动力》的主题报告；“铁骨探长”——第81届校友刘克举行英雄事迹报告会；校友王宝成作了《实验中学——梦想起飞的地方》的报告；第 53 届校友，今年已 74 岁高龄的李宗棠校友也与学生进行了亲切交流。

在第 25 届全国中学生奥林匹克物理竞赛中，我校有 15 名同学获一等奖，获奖人数再居山东省榜首。其中马万里同学取得全国总决赛第 5 名的好成绩并顺利进入国家集训队，参加将于年底在北京举行的国家队选拔考试。获得一等奖的同学同时取得高考保送资格。我校再次被授予“全国物理竞赛金牌学校”称号。

9 月 22 日

我校开展成人主题教育系列活动。

9 月 23 日

新东方集团创始人、被喻为“英语口语教父”的王强老师做客我校实验论坛，为同学们作了题为《英语学习的奥秘》的专题报告。

我校举行第 3 届学生社团建设推介日活动。我校 2006 级 23 班张洋同学获得北京电视台“sk 状元榜”第 37 期（总第 454 期）冠军。

我校 08 级 36 班陈杨天惠同学举办个人摄影作品展，以特殊的方式恭祝母校 60 周年华诞。

9 月 26 日

在泰安市举行的山东省高中英语优质课评选活动中，我校王淑萍老师荣获一等奖。

10 月 2 日

在新建的校史馆庭院里，举行了学校校史馆落成暨由济南市委对外宣传办公室捐立的孔子像揭幕仪式。山东省教育厅副厅长张志勇和我校 82 届校友、济南市委常委、宣传部长王良为孔子像揭幕。

我校建校 60 周年庆祝大会在济南珍珠泉礼堂举行。学校师生代表和全国各地的实验校友、嘉宾 1400 多人欢聚一堂。山东大学校长展涛等省市领导出席了庆祝大会。学校老领导被邀请到主席台就座。知名校友水利部副部长矫勇、国家有突出贡献的中青年专家李国安等也回到母校祝贺。大会由副校长苏旭勇主持。大会选读了教育部基础教育司等部门、领导以及北京大学、清华大学等省内外各重点中学、国外友好学校发来的部分贺信、贺电。学校党委书记、校长刘堃；山东大学校长展涛；山东省教育厅厅长齐涛；校友代表、山东有线电视台台长王英分别发表了热情洋溢的讲话。1949届初中、1952届高中校友代表在大会上发出“关于设立校友励学基金的倡议”。大会结束后，举行建校60周年文艺演出。

10月4日

学校举行60周年校庆“校友集中返校日”活动，大批校友返回母校，共话学校发展，共叙师生同学情谊。

近百名离退休教职工参观校史馆、“素质教育的探索”专题展室、书画展等相关校庆活动场馆。

53届老校友相聚实验庆祝母校60华诞。

在济南市“校园金话筒”主持人大赛（学生组）中，我校蒋博文同学荣获本次比赛的一等奖第1名。

我校党委书记、校长刘堃被聘为组工干部形象监督员。

10月6日

我校师生代表团对韩国首尔大永高等学校进行友好访问。

10月9日

河南省教育考察团来到我校进行考察学习。

10月10日

我校在实验楼报告厅举行第3届师德报告会暨师德报告集《心愿》首发仪式。首发式后，举行了师德报告会，杨光禄老师作了题为《不辞长作引路人》的报告，周米洛老师作了题为《我和学生一起成长》的报告。

在烟台市举行的山东省高中化学优质课评选活动中，我校马晓霞老师荣获一等奖。

10月13日

我校举行“实验杯”建校60周年校庆展示课暨济南市“开展有效教研、构建高效课堂”教学研讨活动。今年的展示课更注重课堂教学形式的尝试与创新。所展示的60余节国家必修、选修及校本课程被电视台全程录制，收入国家基础教育示范项目“基础教育信息资源开发与服务试点工程”。前来参加听课的省内外专家和教师以及学生家长代表达1500余人。

在山东省济南市文明办启动的“文明践行我带头，文明单位在行动”活动中，我校青年教师积极投身到文明交通行动志愿服务中，在杆石桥路口协助交警执勤，劝阻交通违章，倡导文明出行，充分展示实验中学青年教师的形象，为迎接全运会做出贡献。

10月15日

奥运冠军刘春红一行来我校与实验学子举行见面会。

10月16日

上海市素质教育考察团来到我校进行考察学习。

张女士将一面题有“拾金不昧，品德高尚”锦旗送给我校2007级2班李以煊同学，以感谢她拾金不昧的高尚行为。

10月18日

我校举行学校开放日，近千名学生家长、应届初中毕业生家长及社会各界人士前来参加。

我校组织高一省招学生参观了省科技馆及本校区。

在武汉举行的2008年全国中学生田径锦标赛中，我校获得男子团体总分第12名，并获得体育道德风尚奖。

10月21日

由文化部举行的“京剧艺术传承基地”授牌仪式在我校音乐教室举行。文化部陈晓光副部长将“京剧艺术传承基地”的牌匾授予我校。著名京剧表演艺术家王蓉蓉、杜鹏老师奉献精彩的艺术表演。

10月22日

校庆展示课总结大会在6楼会议厅召开。

10月23日

在江苏江阴举办的第5届“中华杯”全国中学语文教师课堂教学大赛中，我校教师刘庆华获得全国一等奖。这也是我校第6位在全国各类优质课比赛中获一等奖的教师。

我校女教工排球队在济南市第16届女子教工排球赛获得冠军。

10月25日

我校举行离退休教职工秋季趣味运动会。

10月27日

我校启动“阳光体育——冬季长跑”活动仪式在田径场举行。

10月28日

在枣庄三中举行的山东省“学校杯”中学生运动会上，我校7次蝉联山东省“学校杯”中学生运动会冠军。

10月30日

我校召开了2008年度党员领导干部民主生活会。

庆祝省实验中学建校60周年——“雅风杯”原创诗歌朗诵会在实验中学图书馆3层报告厅举行。

11月2日

在济南三中举行的山东省网球锦标赛中，我校08级21班荣马慧阳同学获得了女子甲组单打第3名，双打第2名，团体第2名的优异成绩。

我校亓艳青老师荣获济南市优质课评比一等奖第1名。

我校在济南市首届学生运动会上取得优异成绩，参加的5个项目比赛，全部获得团体第1名的好成绩。

11月3日

我校举行实验学子“修身”行动——“礼仪”主题教育活动总结表彰暨“诚信”主题教育活动启动仪式，对学校“文明礼仪之星”进行了表彰，并发出诚信倡议。

山东大学第2届“优秀中学生奖学金”评选揭晓，我校2006级29班张新建同学获此殊荣。

在大连举办的“卡西欧杯”第4届全国高中青年数学教师优质课观摩与评选活动中，我校林宝磊老师获全国数学优质课一等奖，这也是我校第7位在全国各类优质课比赛中获一等奖的教师。

11月3日

德国奥格斯堡霍尔拜因中学代表团对我校进行友好访问，这是该代表团首次次访问我校。

11 月 10 日

新加坡淡滨尼师生代表团来我校访问。

11 月 12 日

我校学生党校第 8 期培训班在实验楼 6 层会议厅举行，校长刘堃为全体学员上了题为《坚定理想信念，弘扬民族精神》的党课。

11 月 15 日

香港圣公会圣本德中学师生代表团一行对我校进行交流访问。

11 月 17 日

新加坡义顺初级学院代表团对我校进行第 3 次友好访问。

11 月 18 日

我校被中国教育学分教育管理分会授予全国“后勤管理先进单位”称号。

在 2008 年全国数学联赛中，我校有 17 人获得全国数学联赛山东赛区一等奖，超过全省获奖人数的 1/3，创我校历史新高，以上学生同时取得了 2009 年高校保送资格；35 名同学获得全国数学联赛山东赛区二等奖，这些同学获得了高校自主招生资格。

11 月 25 日

新华社《人民日报》《光明日报》《中国教育报》等中央媒体来到我校，集中采访我校实施高中新课程、全面推进素质教育的办学实践。

11 月 26 日

山东省第 4 届教育科研工作会议在我校召开现场会。

在全国大、中小学生“环保公益招贴画设计比赛”中，我校王艺璇同学荣获中学组三等奖、李伟同学获中学组优秀奖，周迎峰老师获优秀指导教师奖。

在济南市第 8 届中小学合唱艺术节中，我校合唱团及由 2007 级 31 班组成的班级合唱队双获一等奖，同时我校获优秀组织奖。

11 月 27 日

我校在第三科学报告厅举行“爱心接力”传递仪式，我校学生赴市儿童福利院爱心接力活动进入第 15 个年头。

我校特级教师、被誉为“泉城牧马人”的胡宏智老师为全体学生干部作了一场题为《我的中学时代》的报告。

我校校友吴丹作为青年代表参加了联合国环境规划署在澳大利亚悉尼举行的为期4天的全球民间组织论坛亚太地区研讨会。

我校获第29届奥林匹克运动会组委会表彰。

12月4日

我校2007级高二“导师制”启动仪式在6楼科学报告厅隆重举行。导师和学生现场签订了“导师制”导学关系协议书。

东华大学莱佛士国际设计学院在我校东校区举办了一场有意义的环保设计比赛。

12月5日

山东省教育厅师范教育处对暑期高中教师新课程全员培训活动进行总结表彰，我校51名教师被评为“山东省高中教师新课程全员培训优秀学员”，朱崇军老师荣获“优秀指导老师”称号。

在济南市“教师健康工程”考核评比中，我校荣获一等奖，并获得了5万元的体育器材奖励。

在2008年全国大、中小学生“环保公益招贴画设计比赛”中，我校王艺璇同学荣获中学组三等奖、李伟同学获中学组优秀奖。

我校邀请山东省眼科学会副主任委员、山东大学眼科教授王立群为同学们进行了一场《青少年近视防治》的讲座。

12月6日

学校在6楼礼堂召开了第8届3次教职工代表（扩大）会议。

12月8日

在山东泰安一中举办的“2008—2009中国高中篮球联赛·山东省比赛”中，我校篮球队获冠军。

12月9日

济南市委教育工委推荐考察校级干部，我校苏旭勇副校长被推荐为正处级，王少勇主任、林昭军主任被推荐为副处级，分别交流到济南外国语学校、济南中学、济南七中。

12月10日

“英语口译与面试技巧”专题讲座在我校实验书苑举行，担任本次主讲的是济南新东方口译专家毕波。

我校在英孚外教—克拉克老师及教师的组织下，举行了全国希望英语口语大赛的海选。

12月11日

美国康州姊妹学校代表团成员之一，国际青年成就组织美国康州分（Junior Achievement Connecticut）主席 Louis Joseph Golden 先生来我校进行了为期 2 天的友好交流访问。

我校付佳同学荣获“绿色奥运”全国青少年 Flash 大赛一等奖，这是大赛仅有的 3 名一等奖之一，也是山东省唯一的一个一等奖。

12月13日

我校第 26 届学生代表大会在 6 楼科学报告厅隆重举行，会议审议通过了 25 届学生会工作报告，选举出 26 届学生会新成员。

12月16日

我校首届“Music－up 英语歌曲大赛”和英卓社的传统活动——“圣诞 Party”在 6 楼会议厅举行。

12月17日

济南市高中教学工作会议在我校召开，我校党委书记、刘堃校长代表学校作了《在规律中把握教学，在教学中探寻规律》主题发言。

我校邀请济南市新东方学校的张国珩老师位同学们作了关于《辩论与口才》的专家讲座。

我校高兵老师荣获全国中小学体育教学优质课评选二等奖。

12月18日

学校党委副书记王如恒分别在两校区上党课，本次党课主题是《从审美视角理解党建工作》。

济南市教育局、中国共产党济南市委员会教育工作委员会联合授予我校 78 岁高龄的退休老教师胡宏智老师“老有所为”先进个人称号。

12月19日

2008 年全国信息学奥林匹克竞赛中，我校有 12 人获得全国信息学奥林匹克竞赛山东赛区一等奖，创我校历史新高，以上学生同时取得了 2009 年高校保送资格。同时学校被大赛组委会授予“金牌学校”称号。

12 月 22 日

在学校团委的组织号召下，各班团支部组织召开题为“学习胡锦涛同志在纪念党的 11 届 3 中全会召开 30 周年大会讲话”的主题团会。

12 月 24 日

在我校实验楼接待室召开了省教厅确定的部分省级课改联系校科研课题首次工作会。张志勇副厅长听取我校《课程体系开发与管理》开题报告。

12 月 26 日

我邀请济南市信息产业局孙志忠局长在实验楼 6 楼会议厅举行《导弹实验与航天测控》专家讲座。

12 月 27 日

我校在实验楼 6 楼举行新年钢琴音乐会。

12 月 28 日

我校第 3 届民族音乐会在东校区礼堂隆重举行。本次演出的所有节目都来自东校的普通同学，这也成为本次音乐会最大的亮点。

在第 7 届“21 世纪杯”全国中学生英语演讲比赛山东省决赛中，我校高一年级的孔琳达（19 班），赵健竹（21 班），郭秋含（24 班）3 位同学分别荣获特等奖、一等奖和二等奖，孔琳达同学将代表山东省进入将于 2009 年初在厦门举行的全国总决赛。

12 月 29 日

我校实验科苑 6 楼礼堂举行第 13 届迎新小品比赛。在本校区音乐教室，首次公演了由雅风社话剧组推出的全新话剧——《仙履奇缘》。

12 月 30 日

我校以“和谐班级建设”为主题的第 6 届班主任研讨会在淄博成功举行。刘堃校长作了题为《再谈班主任工作》的主题报告，山东省创新班主任杨育红老师作了《我是一位“磨”出来的班主任》主题发言，会议对“手机”和“学困生转化”两个专题进行了话题研讨。何庆利副校长为第7届班主任研讨会作了名为《走进学生》的开题报告。两年来，广大班主任老师积极投入课题研究，取得丰硕成果，形成了《我校和谐班级建设论文集》《陪伴花开——杨育红老师和谐班级建设案例选》《我校研究性学习指导手册》《我校生社团指导手册》等多部德育研究成果。

12月31日

我校学生会主席刘畅同学参加山东省学生联合会第10次代表大会，并当选山东省学生联合会第10届代表大会主席团副主席，我校学生会也当选山东省学生联合会第10届委员会主席团副主席单位。

2009年

1月3日

我校第7届“实验杯”辩论赛两校区总决赛在东校区第二多媒体教室举行。

1月4日

由望朔话剧社2008级成员倾力打造的独幕喜剧《三块钱国币》首演成功。

1月7日

市总工会生产保护部吕燕副部长来我校为全国劳模邵丽云老师庆祝生日。

1月8日

教育部副部长、国家总督学陈小娅在山东省教育厅厅长齐涛、副厅长张志勇陪同下莅临我校。济南市副市长邹世平，市教育工委书记、教育局局长陈东生，市教育局副局长王春光参加了接待。陈部长对我校推进素质教育的探索和成绩给予高度评价。

1月15日

“与复旦学长面对面”在实验书苑举行，做客论坛的是7名我校05届考入复旦大学的毕业生。

1月18日

学校领导、老师赴品学兼优的贫困生家庭走访，向学生颁发励志奖，拉开了我校2009年“百名教师进千家”活动的序幕。

1月20日

济南市委教育工委、济南市教育局领导走访慰问了我校教职工代表，表达市教育局对广大教师的关心与祝福。

我校师生对美国加州进行了为期近半个月的文化之旅。

1月23日

以我校校长刘堃为团长的“中学生交流团”一行26人，赴台湾参加“相约台湾”济南—台湾中学生冬令营活动。

2月8日

我校举行新学年大会，传达学校2009年度工作计划，并公布2008年校园十大新闻和年度新闻人物，优秀班主任杨育红老师出版的《陪伴花开——和谐班级建设案例选》同时发行。

日本九州运输局顾问大石健太郎先生一行两人在山东省科技馆领导的陪同下来我校访问。

我校2008年教育教学年会在6楼礼堂召开。刘堃校长作了《我校课程体系开发与建设》的专题发言。

我校在第11届“全国新概念作文大赛”中成绩斐然。朱天骥、王新乐、张昱旻、于灵歌等4位同学荣获一等奖，张静、谢欧、孟繁易、孙宁等4位同学荣获二等奖。总成绩再次名列全国第一。

2月10日

我校新学期开学典礼在大操场隆重举行。

2月12日

我校党委书记、刘堃校长分别在全体教研组长（备课组长）会议及校务办公会上，对全省普通高中素质教育专题培训会议的内容进行了传达和部署。

2月13日

党委书记、校长刘堃向与会的中层以上干部传达了济南市教育系统党风廉政建设会议的精神。

我校被市委教育工委、市教育局授予“2008年度先进单位”称号。

2月14日

在济南市第3届中小学优秀教育案例评选中，我校取得丰硕成果。我校教师薛文、孙聪聪、任杰撰写的教育案例荣获优秀教育案例一等奖，钟建香、宫艳、郭琳琳、唐爱玲、潘晓雯、于永水、张秀娥所撰写的案例荣获优秀教育案例二等奖。

2月17日

2009年第一学期实验学子论坛“改变，从背单词开始”在本校第三科学报告厅拉开帷幕。本次学子论坛由2007级15班刘畅同学主讲。

我校雅风社笑星队，在本校区音乐教室，公演了搞笑喜剧《三打白骨精》。

2月20日

我校党委书记、校长刘堃代表学校与教导处、政教处、总务处、工会、团委、教科室、保卫科等处室签订了处室工作及党风廉政建设和安全工作目标责任书。

新学期高一校本课程的第一次“走班”上课，新华社等部分媒体记者前来采访报道我校校本课程实施的最新情况。

2月21日

我校正式启用网上选课系统，率先实现校本课程的网上自主选课。该选课系统为学生全面了解校本课程，实现便捷、高效的选择提供了新的平台，这也标志着新课改后学校课程管理的现代化迈出了重要一步。

2月24日

河北衡水中学考察团一行60多人，在校长张文茂的带领下到我校考察学习。

我校4位教师刘庆华、顾静、乌爱洁、张兴卫赴海南海口一中进行为期6天的教育参访活动。

我校高一爱心社成立暨爱心压岁钱捐助仪式正式启动。

2月25日

我校爱心社代表及部分学生会成员赴九零医院，看望了身患白血病的济南育英中学学生韩桐林，并送去爱心社捐款1万元。

东校新学期第一期学子论坛“同一片天空，另一方沃土——美国文化之旅”在第一多媒体教室开讲。

2月26日

由我校东校学生会文艺部主办的2008级校形象大使暨主持人

"选拔赛"圆满结束。

我校分校区举行了全体党员大会，部署新一年的工作安排，并进行了党支部成员的换届选举。

2月27日

我校在实验科苑接待室隆重举行了于丙午老师退休体育教育工作座谈会。于老师在中学体育教学战线辛勤耕耘了近40年，为国际一级田径裁判。

实验学子经验交流会在济南市甸柳一中拉开了帷幕。

高三保送生经验交流会我校第二阶梯教室举行。王越、张国栋、周天骥、张明达、刘冬宇和孔攀同学担当主讲。这6位同学被保送至北京大学、中国科技大学等大学就读。

我校荣获"2008年度学校安全工作先进单位"称号，受到通报表彰。

2月28日

我校在6楼会议厅举行35岁以下全体青年教师会议暨第五届"十佳"青年教师评选启动仪式。

刘堃校长为全校青年教师作了题为《青年教师是新课改的主力军》的报告。

我校组织青年教师赴"江北第一古村"——朱家峪参观学习。

我校举行第5届"十佳"青年教师评选粉笔字单项比赛，全校35岁以下青年教师参加了比赛，比赛取得圆满成功。

3月1日

《山东教育》第3期以"为学生人生底片添彩——我校系列'活动品牌'助推素质教育"为题，用四幅整版报道了我校实施高中新课改，全力推进素质教育的改革创新情况，学校党委书记、校长刘堃成为本期封面人物。

我校"科技创新教育月"启动仪式在校田径场隆重举行。

3月3日

我校爱乐社在音乐教室成功举办了以"阳春三乐"为主题的09年第一场迎春演出。

学校团委组织成立了东校学生记者团，这是继广播站之后又一个全部由学生组成的宣传组织。

我校男子篮球队高三 20 班刘震环和高二 21 班张翰奇入选中国高中男子篮球明星赛，刘震环同学获得中国高中男子篮球明星赛最有价值球员。

我校“科技教育月”首场专家报告在礼堂隆重举行，中科院老科学家报告团成员、中国地震局研究员徐德诗教授为同学们作了题为《不畏天灾，科学应对》的主题报告。

3月5日

由 2008 级 28 班吕欣彤同学主讲的学子论坛——“美国次贷危机与世界经济形势”在东校第一多媒体教室开讲。

东校新一届谏议团成立。

我校教职工代表队在济南市教育系统“迎全运庆三八”教职工趣味接力赛中荣获第 1 名。

3月6日

汲晓芳、林欣兰、孙颜、顾静、赵温霞、李尚浩、陈雁红、张懿、季洁、李满 10 名教师第 3 届“巾帼十佳”荣誉称号，学校领导向他们赠送鲜花和证书。

在全市教育系统宣传法制工作会议上，我校被评为“2008 年度教育新闻宣传工作先进集体”，团委书记王翔宇被评为“教育新闻宣传工作先进个人”。我校被济南教育电视台评为“先进通讯站”，我校电视台丁磊、周志苹老师被评为“先进个人”。

我校首批赴海南海口一中等学校培训学习的教师刘庆华、顾静、乌爱洁、张兴卫，分校区举办了两场专题报告会。

3月8日

为庆祝“三八”国际妇女节，增进教职工的身体健康，我校举行教职工趣味比赛活动。

我校 2009 年“科技创新教育月”第 2 场专家报告在礼堂隆重举行。山东省发明协会陈明泉老师再次做客我校实验论坛，本次讲座的主题是“创新之路——思与悟”。

3月9日

在2009年（暨第四届）“全国实验区高中化学新课程实施成果交流大会”上，我校马晓霞老师进行教学现场展示，荣获教学类一等奖，我校也被评为“2008年高中化学新课程实施先进单位”。

我校组织全体离退休及在职教职工进行了健康查体。

3月10日

我校爱心社代表将同学们捐赠的2000元压岁钱送往山东省慈善总会。

3月11日

由望朔话剧社08级成员倾力打造的跨年度多幕剧《日出》在报告厅首演成功。

我校4位教师程慧明、张志永、丁兆华、张家鹏赴厦门同安一中进行为期5天的教育参访活动。

3月12日

我校“名师讲坛”正式启动，刘敏老师作了《我看素质教育》首场报告。

3月13日

我校“科技创新教育月”第3场专家报告在礼堂举行。济南专利商标事务所张勇老师做客我校实验论坛为同学们作了《专利与知识产权》的专题报告。

3月14日

我校2007级32班部分同学与“泉城义工”组织一起，去市中区国防教育基地进行了义务植树活动。

3月17日

我校第10届体育节在运动场正式启动。

3月19日

我校劳动基地种植权竞标会在第二多媒体教室如期举行。

3月24日

新东方教育科技集团“亮剑高考”全国公益巡讲济南站在我校开讲。山东大学数学院张德天教授和新东方张国珩为高二同学作了一场精彩的报告。

3月25日

新加坡义顺初级学院一行3人，对我校进行访问交流。

我校赴福建厦门同安一中培训学习的教师丁兆华、张志永、程慧明、张家鹏在分校区举办了2场专题报告会。

3月26日

我校举办的首届“我爱化学·我爱生活”知识竞赛决赛在学校礼堂隆重举行。

3月27日

学校启动第2届科技创新运动会，千余项创新作品现场展示，高一高二500余名学生现场角逐纸桥设计等各类创新比赛，市委教育工委副书记刘向伟，市教育局副局长王春光，市科协李中斌副主席及家长委员会的代表参观了科技运动会。

我校被评为“2008年度政务信息先进单位”，团委书记王翔宇被评为“2008年度政务信息工作先进个人”。

3月30日

第14个全国中小学生安全教育日。是日，为了强化我校全体师生安全意识，构建平安校园，我校举行消防安全知识讲座、培训与灭火演习。

3月31日

我校建校初期副校长齐崇文，在山东泰安师专校长职位上离休的93岁老人，向我校捐助励学基金1万元，用于帮助贫困生求学发展。

4月2日

学校组织高一学生前往英雄山革命公墓进行清明节扫墓活动。

我校成功举办了全国希望英语口语大赛在我校的第二次选拔。

4月3日

西藏自治区教育厅高中课改考察团一行来我校考察学习新课改。

4月6日

我校第5届“十佳青年教师”评选普通话、教育案例分析比赛在实验楼实验室举行。

4月7日

我校隆重举行第2届科技节、第10届体育节表彰大会。

4月8日

“四点讲座”在第一媒体教室如期举行。做客本次讲座的是高一物理组李志超老师。

4月17日

全国规范办学行为现场经验交流会在我校举行，《中国教育报》以《刘堃引领课改五年》为题对我校党委书记、校长刘堃同志在引领我校新课程改革方面取得成就进行了专题报道。

在济南市教职工春季长跑接力赛活动中，我校教工代表队在23支参赛队伍中发挥出色，勇夺亚军。

山东省青少年科技创新大赛在山东泰安落下帷幕，我校选送的5件作品全部荣获大赛一等奖。

4月22日

浙江省教育厅厅长刘希平率教育考察团一行来我校参观考察。

我校特邀济南人民广播电台著名主持人杨波先生来我校主讲题为《从声音走进心灵》的播音主持专题讲座。

4月23日

学子论坛继续开讲。本次学子论坛由2008级24班李维特、任婧两位同学介绍中国当代文坛上的一位传奇女性——张爱玲。

4月24日

“中国传媒大学优秀生源基地”——我校挂牌仪式在我校举行。

我校2006级14班双胞胎兄弟刘冬雨、刘冬宸同被保送上大学，《济南时报》等新闻媒体争相报道。

我校林宝磊老师荣获“2008年度济南市杰出青年岗位操作能手”称号，是我市教育系统唯一获此殊荣者。

4月29日

我校召开了高三教学工作会议。刘堃校长在会上作了《高三复习的宽度和深度》的专题报告。教导处主任韩相河总结分析了前一阶段我校高三教学情况，提出了下一阶段教学的工作思路。杨育红、陈雁红、张懿、阮桂平、林宝磊、宋辉6位老师分别发言。

4月30日

我校2008级4班范汗青同学参加了济南教育电视台举办的“迎和谐全运会·做文明中学生”演讲比赛，并获一等奖。

雅风社话剧组在本校区音乐教室首次公演原创古装戏剧《美人祭》，博得了老师及同学的一致好评。

5月2日

由5所高中（我校、山师附中、济钢高级中学、济南一中、济南中学）的学生会组成的校际联谊委员会在泉城广场举行了“建美丽泉城，迎和谐全运”志愿活动。

5月3日

我校在两校区同时举行校园开放日和中考招生咨询活动，3000余名家长及考生前来参观咨询。“特级教师权威精讲各科学习策略”成了今年校园开放日的一大亮点。

在2009年山东省学生乒乓球锦标赛中，我校乒乓球队勇创佳绩，在所设7个项目中夺得6块金牌，团体总分遥遥领先。

在济南市中学生田径运动会上，我校获得济南市中学生运动会38连冠，继续保持在济南市田径项目的领先优势。

5月4日

青年节之际，我校团委组织团员青年开展了纪念“五四”运动90周年系列活动，举行《飞扬的青春》主题团会、“用青春点亮未来”——纪念五四运动90周年朗诵会及海报设计大赛等活动，抒发了当代青年传承“五四”精神，勇担重任的壮志与豪情。

5月5日

我校爱乐社在音乐教室为大家呈献了以“五动奇迹”为主题的精彩演出。

在“二十一世纪杯”全国中学生英语演讲比赛中，代表我校参加的高一19班孔琳达同学荣获三等奖。我校获得了优秀组织奖。

学校党委下发了党建工作调研问卷，从党的建设、党员模范作用发挥、党员活动设计、党员教育管理等不同方面，征求党员对我校党建工作的意见和建议。

5月6日

望朔话剧社08级首部原创剧《三月间》在第一多媒体教室成功上演

我校东校区爱心社成员齐聚一堂，举行了爱心社的成立仪式，宣告2008级爱心社于今日正式成立。

5月12日

汶川地震1周年纪念日。是日，我校举行了纪念汶川地震1周年暨防灾减灾主题教育升旗活动。

“斯巴鲁汽车杯”春秋社历史知识竞赛决赛在我校6楼大礼堂成功召开。

在我校第三科学报告厅，2008级1班丁京伦同学为同学们讲演了“学子论坛”，主题是《破解“甲型H1N1”流感之谜》。

5月13日

济南市第2届教职工羽毛球比赛在济南第三中学南校区隆重举行，我校包揽比赛全部冠军。

我校第5届“十佳青年教师”评选“创新课堂”比赛分别在两校区举行。在本届“十佳青年教师”评选各单项比赛中脱颖而出的15名青年教师参加了“创新课堂”的比赛。15节“创新课堂”堂堂精彩，充分展示了我校青年教师的风采。

5月14日

为确保我省全运会顺利召开，历城消防大队杨新发教导员一行5人，对我校进行了消防安全检查。

五校乒乓球联赛决赛结束我校男单实现包揽全部冠军。

5月16日

我校2009年东、本两校区英语口语对抗赛本校区预选赛在实验楼6楼礼堂如期举行。

5月17日

为防止甲型H1N1病毒流行，确保师生健康，保障正常的教育教学秩序，我校隆重举行“防控甲型 H1NI 流感”主题教育。

5月19日

2008 级 15 班倪丹蕊同学主讲的学子论坛第 78 讲《酷话酷风》开讲。

5月20日

我校组织了安全消防教育活动，并派部分师生前往济南市公安消防支队战勤保障大队学习专业消防知识。

5月21日

我校组织了一场紧急避险逃生演练。

东校学子论坛开讲，本次讲座的主题是《端午文化漫谈》。

5月24日

外研社新概念英语背诵大赛在我校举行。东本校口语对抗赛总决赛在实验书苑拉开了帷幕。来自东本校区的两个代表队，8 名选手参加了这次比赛。

5月25日

中央电视台新闻部记者来到我校，采访报道我校在学生综合素质培养和评价上的改革做法。记者们倾听了我校党委书记、刘堃校长的相关介绍，随后分别采访了我校刘堃校长、部分教师、学生及家长代表，并拍摄了大量的教学和学生活动场景。

我校获山东省中学生游泳锦标赛冠军。

5月27日

《圣龙浩劫》作者——我校 06 届校友张苏楠回母校与实验同学就文学创作等话题进行了面对面的交流。

我校被山东省教育厅命名为首批“山东省教育国际交流与合作基地”。

6月3日

2008 级的部分同学来到了劳动基地收割已经成熟的小麦。

爱乐社主办的音乐会在实验报告厅隆重上演。

山东省青少网球年锦标赛暨 11 届全运会测试赛于 6 月 3 日在济南奥体中心网球馆举行。我校 08 级 21 班荣马慧阳同学代表济南队在本次比赛中再创佳绩，荣获女子甲组单打冠军、双打冠军、团体冠军和混双季军的好成绩。

6月4日

我校第5届“十佳青年教师”表彰大会在东校区礼堂隆重举行，6个单项“十佳”、5个优秀奖以及“综合十佳”青年教师获奖者揭晓。王怀方、毕金芳、陈鑫、高婕、元杰、王茜、薛文、谢欠、于文、刘阳等10位青年教师荣膺第5届“十佳青年教师”称号。任兴华、孙艳波、周迎峰、刘丽、许势力等荣获“优秀青年教师”称号。

6月16日

山东省教师教育学会校长领导与学校发展研究会成立大会暨第一届理事会在我校召开，全省部分中小学40余名校长作为理事候选人参加了此次大会。

我校分支部召开预备党员转正和纳新大会。本次预备党员转正的同志是牛文恺、孙颜、李林。经过大会审议讨论，同意党组织接收张懿、王桂林、王丽琴及22名学生为中共预备党员。

经教育部批准，2009年继续选拔部分重点中学的高二学生赴新加坡学习，我校2007级郭智健、黄储、张月娇、张立阳、郭威、崔炜、王海天、徐萌、刘哲、田茂坤、何梅洁等11位考入新加坡国立大学和南洋理工大学，人数创历年来新高。

6月30日

我校党委在实验楼6楼会议厅隆重举行庆祝建党88周年暨优秀党员表彰大会。

7月1日

山东省政协原副主席、我校老校长崔惟琳，将他收藏的珍贵图书热心捐助给学校。

7月7日

我校刘堃校长再次应邀出席了北京大学2009年本科生毕业典礼暨学位授予仪式。今年我校在北大毕业的学生有12人，目前我校在北京大学求学的学子达60余人。

7月9日

我校6名学生代表在学校党委王如恒副书记的带领下奔赴历城区西营镇中学为我校在该校捐建的“希望书库”充实图书。

我校于永水老师获全国中小学信息技术教学应用研讨会优秀课例展示全国一等奖。

7月10日

我校分校区举行全体教职工大会部署学校暑期工作，会上，学校授予我校韦本河同志“爱校护校模范”荣誉称号，以表彰韦老师爱校如家、舍身忘我的精神。

我校在实验楼6楼会议厅举行山东省高中新课程远程培训动员大会。

7月13日

我校345名专业教师开始了山东省高中新课程远程培训的首日培训。

7月19日

2007级25班21名同学参加了泉城义工泉水游的活动。

7月21日

市教育局副局长胡晓卉、高教师范处处长李玉萍来到我校，视察我校新课程全员培训工作。

7月24日

第24届全国青少年科技创新大赛在济南舜耕国际会展中心落下帷幕，我校2007级学生齐谦凭借作品《新型旋流式高效节能环保吸油烟机》荣获全国青少年科技创新大赛二等奖、“节能减排”主题奖、茅以升科学技术奖、北京理工大学青少年科技创新奖、上海交大“思源”青少年科技创新奖；我校2008级学生毕诚荣获大赛三等奖。在23日专项奖颁奖晚会上，齐谦4次走上领奖台，在晚会上引起轰动。

7月25日

我校东校教导处副主任竞争上岗工作，历时16天圆满结束。经过个人报名和组织审核，共有7位同志参加了面试答辩和民主评议，刘庆华、林宝磊2位老师竞聘成为我校教导处副主任。

第26届全国青少年信息学奥林匹克竞赛（NOI2009）暨NOI25周年纪念活动中，2007级29班的傅强同学以并列28名的成绩获得银牌（前20名为金牌），并现场与北京大学签约。2008级23班的李其乐同学以夏令营营员身份参赛，成绩也达到了银牌分数线；王乃广老师获得“全国优秀指导教师”称号。

“文心雕龙杯”第2届全国新课标写作才艺大赛在北京举行，2007级7班的王琛、王冠雄获得大赛特等奖，另有9人荣获大赛一等奖，14人荣获大赛二等奖，5人荣获大赛三等奖。同时学校荣获大赛“全国写作才艺大赛十佳教学示范单位”奖，校长刘堃荣获“十佳优秀校长”称号，王岱老师荣获大赛“十佳优秀指导教师”称号，成秀梅老师荣获指导教师特等奖。

7月26日

我校模拟联合国协会SEMUN（Shandong Experimental Model United Nations）派代表参加了在北京召开的第2届IMUNC中国校际模拟联合国大会。

在济南市第3届中小学艺术展演活动中，我校选送的2个器乐节目《滚核桃》《马刀飞舞》双双获得一等奖。

7月29日

我校师生代表团一行在学校党委副书记王如恒的带领下赴台湾参加在台北成功高中举行的2009海峡两岸高中生辩论赛，获团体优胜奖。

8月8日

第9届中国青少年机器人竞赛在青海西宁落下帷幕，我校机器人代表队李维汉、许婉婷、薛士杰荣获大赛银奖。

“汉语桥—美国高中生夏令营”师生代表团访问我校。

8月19日

学校在平阴举行了2009年暑期干部读书会，学校中层以上干部、年级组长和教研组长近60人参加。刘堃校长在读书会上作了《关于对学校课程体系开发与管理的研究和思考》的主题报告，对我校七大课程体系建设进行了新的完善和解读

8 月 29 日

我校新一届高三第 1 次工作会议在实验科苑 6 层会议厅隆重举行。党委书记、校长刘堃在会上作了《高三教学应该注意什么》的专题报告。

8 月 31 日

我校在学校体育馆隆重举行了高三动员大会。

《游学天下》——我校综合社会实践成果出版。

9 月 1 日

我校隆重举行开学典礼暨表彰大会。

校党委书记、校长刘堃同志为 2009 级全体同学作的主题报告《入校第一课，学做实验人》拉开了新生入校教育的第一课。

9 月 2 日

张志勇副厅长在翻阅我校 7 大课程体系建设后给刘堃校长致信，高度评价我校课改成果并提出殷切期望。

我校领导及学生代表聚集在剑平石前，举行纪念活动缅怀校友崔剑平烈士。

9 月 3 日

全体中层以上党员干部、全体职工党员、上午无课的教师党员在本校实验科苑 6 楼会议厅及东校第一多媒体教室集体收看了省委召开的“山东省深入学习实践科学发展观活动第二批总结暨第三批启动会议”的现场直播。

9 月 4 日

我校党委书记刘堃校长入选“齐鲁名校长建设工程人选”，这是刘堃校长继“山东省首届教育创新校长”之后荣获的又一项荣誉。

在省教育科研成果评选中我校成绩突出。王克芳、张宏刚、张静、王德霞、蔡秋娟、宫燕、郭琳琳获一等奖，于文等 24 人获二等奖。

9 月 6 日

1800 余名高一新生家长走进实验校门，来参加孩子升入高中的第一次家长会。

9月9日

在庆祝第25个教师节之际，我校党委委员在党委书记刘堃校长的带领下，分校区走访慰问了王耀生、齐长乐等部分离退休老教师，感谢老教师们学校发展做出的贡献，为他们送去教师节诚挚的祝福。

我校在中国地理学会组织的以“防灾减灾，科学发展”为主题的第3届“地球小博士”全国地理科技论文大赛中获得佳绩，7名同学分获一、二、三等奖。

为庆祝第25个教师节，2009级各班团支部组织同学绘制了精美的画报。

9月10日

我校举行“向祖国献礼，为实验喝彩”教师节红歌演唱会。

我校在省教育厅举办的“评选表彰山东省中小学素质教育工作先进单位”活动中光荣入选，被评为“山东省中小学素质教育工作先进单位”。

山东省委、省政府在济南南郊宾馆举行大会隆重庆祝第25个教师节，表彰教育战线的先进单位和个人。我校韩相河老师作为齐鲁名师的代表参加了表彰大会，并与邵丽云老师一起被授予“齐鲁名师”荣誉称号；许文老师被授予“山东省优秀教师”荣誉称号，并作为济南市教育系统的代表上台领奖。我校焦桂春老师、潘洪艳老师被授予“济南市优秀教师”荣誉称号，潘洪艳老师作为市直学校的代表上台领奖。田延平老师被授予“济南市第5届师德建设先进个人”荣誉称号。我校被授予“济南市教书育人先进单位”荣誉称号。

我校学生会主席刘畅同学参加联合国青年大会，多家新闻媒体争相报道。

9月11日

在山东省环境保护厅、山东省教育厅联合举办的省级“绿色学校”环境教育优秀教案和课件大赛中，我校地理组的郭霞老师、于文老师分获高中组一等奖、三等奖。

9月14日

学校举行“弘扬和培育民族精神月”启动仪式。

在东校实验书苑，“模拟联合国”学生社团召开了第一次公开大会。

9月15日

为庆祝建国60周年，加强对学生的爱国主义教育，学校团委在课外活动时间举行庆祝建国60周年优秀爱国电影展播活动，每周播放一部优秀爱国电影。组织各团支部开展了以《为祖国喝彩》为主题的团会活动。

9月16日

根据省市有关进一步做好甲型H1N1流感防控工作的一系列指示和要求，我校在前段防控甲型H1N1流感工作的基础上，召集全体教职工防控工作培训会。

济南市普法办方超处长做客我校实验论坛，为高一年级作了题为“迎全运，做遵纪守法的好学生”的主题报告。

在第26届全国中学生奥林匹克物理竞赛中，我校17人获山东省赛区一等奖，17名同学同时获得全国重点大学保送资格，其中苏度同学荣获理论成绩第一名；有5人进入山东省集训队；39人获得山东省赛区二等奖。我校还被评为“第26届全国物理竞赛金牌学校”，于兆河、慕亚楠等多位教师获“山东省优秀教练员”称号。

9月18日

我校在第三科学报告厅举行全运会注册志愿者聘书颁发仪式，600余同学报名参加。

9月22日

我校举行了学子论坛《从解放战争到开国大典》。本次论坛由高一21班的李润有同学主讲。

9月24日

在体育馆音乐教室举办庆国庆文艺演出，以表达对祖国的诚挚祝福。

我校“起点，创意”平面设计工作室举行2009年第5届“我爱你，祖国”公益广告平面设计大赛。

我校党委在新中国成立60周年到来之际，举办了“向祖国献礼，为实验喝彩”教职工书画展览，共展出书画作品 74 幅。

济南市“十八岁成人节”，团委开展了“做一件有意义的事为自己的十八岁献礼”“体验一天的成人生活”“确定自己的成人宣言”；举行“十八岁成人宣誓仪式”；召开《我与祖国共成长》主题团会等成人主题教育系列活动。

9月25日

在第二科学报告厅举行的我校“庆国庆”系列活动之演辩社演讲比赛活动成功落下帷幕。

9月26日

“祖国颂”庆祝建国 60 周年文艺演出在东校礼堂隆重地拉开了帷幕。

我校在 2009“山东素质教育论坛”上作典型发言。郑校长代表学校在大会上作了《我校课程体系开发与管理》的主题报告，受到与会专家和兄弟学校的高度评价。

9月28日

我校 2009 年秋季运动会在省体育中心举行。

9月30日

济南市市长张建国致信实验学子，高度评价同学提出的规划建议书。自 2009 年 7 月即全运会倒计时 110 天之际，学生会组织全校同学，采用研究性学习的方式，为城市的发展出谋划策。得出了 24 份研究成果，汇总成 2 万字的规划建议书送呈了张市长，充分展示了实验学子强烈的责任意识、公民意识和发现问题、分析问题、解决问题的能力。济南市委、市政府的领导在翻阅了同学们的规划建议书后非常高兴和重视，张建国市长亲笔批示办公厅代为向同学们致信感谢，并将同学们的规划建议书转有关部门研究考虑。多家新闻媒体对此事进行报道。

我校获山东省中学生田径锦标赛冠军。

10月1日

我校师生代表团一行 23 人在我校何庆利副校长带领下赴德国奥格斯堡市，对友好学校霍尔拜因中学进行了第 3 次友好访问。

在班主任肖钢老师的带领下，08级美术班同学来到了山东省第一女子劳教所，开展“庆国庆，送温情”活动。

10月11日

我校志愿服务队前往英雄山和赤霞广场一带，义务普及健康锻炼及健康饮食方面的知识。

我校政治组蔺刚老师被共青团济南市委、济南市文明办、济南时报联合授予“优秀泉城义工”称号。

10月12日

我校举行了弘扬和培育民族精神月表彰仪式，奖励在此活动中表现突出的集体和个人，以此激发全校师生的爱国情怀和民族精神。

10月15日

加拿大埃德蒙顿市教育代表团一行对我校进行了友好访问。

10月16日

由我校爱心社、《校园心理》杂志社和济南市残疾人康复中心联合开展的“用爱承载生命”主题公益募捐活动现场捐赠仪式在济南市启明星康复中心举行。

我校分校区召开“认真学习党的十七届四中全会精神，深入开展学习实践科学发展观活动”专题办公会。

我校团总支副书记、2008级13班的牛银昊同学作为护跑手参与十一运会火炬传递活动。

10月19日

我校在体育馆举行庆祝建校61周年“十月颂歌”合唱比赛，高一年级1000多名学生参加。

日本那贺高等学校师生代表团一行对我校进行了第6次友好访问。

10月20日

为期一周的以“科学、高效，让课堂充满生命活力”为主题的建校61周年校庆展示课暨济南市“开展有效教研，构建高效课堂”教学研讨活动拉开序幕。来自内蒙古、河北、湖北以及济南市等兄弟学校的领导、老师近千人参加。刘堃校长《学校七大课程体系介绍》的主题报告、郑玉香副校长《我校校本课程》的报告、21 节必修基础课，19 节校本课得到了与会者的一致好评。

10月21日

作为建校 61 周年校庆展示课暨济南市“开展有效教研、构建高效课堂”教学研讨活动的重要组成部分，山东师范大学戚万学副校长、山东省教科所亓殿强所长、山东省教育学院齐健教授等领导和专家莅临我校指导课程体系建设。

美国交换生项目访问团一行来我校访问。

10月23日

我校第 4 届社团推荐活动在本校篮球场如期举行。

10月25日

为响应“全民全运”的号召，在教育局的组织下，我校部分同学到奥体中心观看了全运会比赛。

10月27日

我校分校区召开了全体党员大会，举行深入学习实践科学发展观报告会，邀请正在省委党校学习的研究生、我校办公室副主任、宣传干事范海沛同志为全体党员作“走进科学发展观”专题报告。

11月1日

我校党员游济南园博园、看济南科学发展。

11月2日

我校举行启动仪式，自 2009 年 11 月至 2010 年 4 月开展冬季长跑活动。

在山东省第 3 届中小学生艺术展演活动中，我校精心排练的打击乐《滚核桃》荣获器乐类一等奖，高洁、罗岩荣获“优秀指导教师”称号；同时我校获得精神风貌奖。在本届艺术展演活动中，我校高洁老师高华老师撰写的论文荣获展演活动“艺术教育科学论文”一等奖。我校艺术类作品中，王雨田同学的绘画作品《小小的旗帜》、李樾同学的摄影作品《日本人的环保意识》双双荣获二等奖；马东妮同学的绘画作品《喜迎全运、我们正年轻》、孙汀同学的《书法》荣获三等奖。

11月4日

我校“四点讲座”——高一数学、物理于下午课外活动时间正式举办。

法国圣马洛高中师生代表团一行对我校进行了为期1天的友好访问。

11月8日

我校马宗民、陆彩霞、张琳、杨育红4位老师参加了在青岛市举行的济南名师第2期集中研修活动。

在“丹霞杯”第3届全国中学生地理奥林匹克竞赛中，我校代表队取得优异成绩。高二（22）班明杨同学获个人一等奖；高三（19）班邢天洋同学、高三（20）班胡宪同学、高二（7）班李奕申同学获个人二等奖。

11月9日

在学校保卫科和政教处的精心组织下，我校举行了公寓安全撤离和防火消防演练活动。

11月10日

在本校实验楼接待室，学校党委召开了深入学习实践科学发展观党外人士座谈会。

鉴于当前甲流预防的严峻形势，为进一步增强全体师生科学预防主动预防的意识，近日，我校组织全体同学观看了甲流预防专题片。

11月13日

为切实做好对甲流的防控工作，保障师生健康和正常的教育教学秩序，我校积极与疾控部门联系接种疫苗，历城区疾控中心根据有关政策为我校分配300只疫苗，并责成郭店卫生院防疫人员来我校接种。

11月14日

市委组织部给我校2位拔尖人才张克宏副校长和韩相河主任过生日。

学校党委汇集出版了学校党委“学习实践科学发展观专刊”校报。

11月19日

学生会主席刘畅作为代表出席在北京召开的全国学联第24届委员会第2次全体会议。

11月23日

我校隆重举行了“向长江大学见义勇为舍己救人英雄集体学习”为主题的升旗仪式。

学校团委组织开展了学生深入学习科学发展观主题海报设计大赛。

11月25日

2009—2010年中国高中篮球联赛山东省比赛在泰安一中落下帷幕，我校男篮蝉联了本年度的冠军，主教练苏庆华也获得了“最佳教练员”奖，这也是我校男篮连续3年第6次夺得省级比赛第1名。

11月26日

我校2009年第二次学生党校培训在实验书苑举行，本次培训的主题是《信仰》，担任本次主讲的是我校优秀青年教师代表、优秀年轻党员吕秀亭老师。

11月27日

由校团委，2008级团总支主办的我校本校区辩论赛初赛高一年级比赛在学校第二、三、四多媒体教室顺利进行。

11月30日

我校举行实验学子“修身”行动——“公正”主题教育活动暨12·4法制教育宣传日启动仪式，正式启动学子“修身”行动6大目标中的“公正”教育。

我校被省教育厅评为“山东省教育国际交流与合作工作先进单位”。

12月1日

我校名师四点讲座在本校第四多媒体教室如期举办。高一语文组王岱老师，物理组张海老师作为主讲人，对高一同学开展了此次讲座。

我校举行“青年读书会”社团成立大会。

市台办、市教育局在我校召开了在济南就读台湾中小学生家长座谈会。

12月2日

由学校团委主办的学生党校第9期培训班在实验楼6层报告厅举行，本校区共有300多名同学参加。在第一讲中，学员们观看了纪录片《中国共产党的光辉历程》。

济南市市中区教育局刘宪局长带领全区初中校长及学校分管领导共计40余人到我校考察高中新课改实施情况，并现场观摩了我校本校区高一年级20多节校本选修课。

我校石磊老师荣获全国中小学通用技术教育优质课比赛一等奖。

全运会期间，我校志愿服务联络站圆满完成了全运会志愿服务工作，被济南市志愿服务工作委员会和第11届全运会济南赛区组委会志愿者工作部联合授予“第11届全运会济南赛区志愿者工作优秀组织单位”的荣誉称号。我校侯婧婧、牛银昊、张一鸣、王啸等4位同学被评为“第11届全运会济南赛区优秀志愿者”。

12月3日

由日本东京学艺大学主办，韩国新罗大学承办的“2009釜山教育研究国际研讨会（亚洲第五届）”在韩国釜山召开。于永水老师作为中国中学教师代表发言。

12月4日

我国第9个法制教育宣传日，为配合这一活动开展，学校将法制教育作为本学期“公正”主题教育的重要内容。

12月5日

“齐鲁名师讲堂——国家课程资源建设项目会议”在济南中鲁大厦召开，我校王岱、邵丽云老师应邀参加。

12月7日

我校特邀请了济南市传染病医院院长、山东大学兼职教授、硕士生导师陈士俊同志来校作了《甲型H1N1流感与新发传染病的管理》专题讲座。

由我校学生会和济南市育英中学联合举办的主题为“比肩精英”

的初高中经验交流会在育英中学进行。

第九期学生党校培训班举行第2讲在实验楼6层会议厅举行，本次培训的主要内容是学习《党章》，由团委李丽书记主讲。

12月8日

我校隆重举行了“尚义法学社”成立仪式暨未成年人自我保护法律讲座，邀请山东轻工业学院的姜文明教授为同学们作了《关于未成年人法律保护》的知识讲座。我校2009年第2次法制教育报告会暨法学社成立仪式在第三多媒体教室举行。

我校2008级24班杨卓然和郭秋含同学在第8届全国英语创新大赛中获得“优胜者”（二等奖）荣誉称号。

12月10日

民盟我校支部在实验楼接待室召开座谈会，我校部分退休、在职盟员参加了此次座谈。

我校分校区分支部召开了深入学习实践科学发展观党员组织生活会。

我校在第7届全国“叶圣陶杯”作文大赛中取得了可喜成绩。我校马小菲同学荣获“全国十佳小作家”称号，方言、刘夏蕊、刘晓冶、李艾伦等4位同学荣获一等奖。另有21位同学荣获二等奖。刘堃校长荣获“全国十佳文学校园校长”称号，王岱老师荣获“全国十佳文学校园首席导师”称号，刘庆华、孙晓梅、李满、田晖、陈鑫等老师被评为“优秀指导教师”。我校被评为“全国十佳文学校园”。

12月14日

我校学生党校第3期培训在实验楼6层会议厅举行，党办范海沛主任作了题为“走进科学发展观”的专题讲座。

12月15日

我校“实验杯”辩论赛本校区复赛在实验楼6层会议厅成功举行。

12月16日

我校“深入学习实践科学发展观”领导班子专题民主生活会在实验楼接待室举行，市委教育工委副书记刘向伟、市教育局组织处长长赵辉强、团委书记尹梅青、高教处调研员滕国光、工会张倩钰科长等领导到会检查指导并作了重要讲话，学校领导班子成员进行了分析检查。

我校在实验楼6楼科学报告厅举行了新一期“名师讲坛”，由特级教师邵丽云主讲，学校党委书记校长刘堃、副校长郑玉香以及全体任课教师参加了报告会。

12月17日

卡西欧公司向我校图书馆捐赠电子字典的捐赠仪式在图书楼接待室举行。

12月20日

在首届“全国教育改革创新颁奖典礼”上，我校党委书记刘堃校长被授予首届“全国教育改革创新杰出校长”荣誉称号，全国仅20名校长获此殊荣。

在2009年全国信息学奥林匹克竞赛中，我校有9人获得全国信息学奥林匹克竞赛山东赛区一等奖，以上学生同时取得了2010年高校保送资格。同时学校被大赛组委会授予“金牌学校”称号。

我校团委王翔宇书记、张宏刚书记受到第11届全运会田径竞赛委员会的表彰。我校也同时因在组织工作中做出了突出贡献，受到大会组委会的表彰。

12月22日

我校模拟联合国社团成立大会暨第1届社团会员大会在6楼大礼堂成功召开。

我校首次由学生主讲的法制教育公开课在第二多媒体教室如期举行。

第8届“21世纪CASIO杯”全国中学生英语演讲比赛（山东赛区）决赛在我校落下帷幕。我校高二7班李奕申同学荣获冠军；高一12班杨奕同学获亚军；高二20班张一鸣、高一21班曹安琪获一等奖。

12月23日

我校第10届新年钢琴音乐会在音乐教室成功举办。

由校团委，2008级团总支主办的“实验杯”辩论赛本校区决赛在6楼大礼堂圆满结束。

12月24日

我校第14届迎新小品大赛在第二多媒体教室成功举行。

12月26日

我校第8届4次教职工代表（扩大）会议在本校6楼大会议厅举行。

12月29日

我校第14届“迎新小品大赛”决赛在实验楼6楼大厅举行。

我校英卓社策划的英语角在第二多媒体教室举行。

我校新年音乐会在第一多媒体教室隆重举行。

12月30日

由校团委，2008级团总支主办的第8届“实验杯”辩论赛东校区和本校区决赛在六楼大礼堂圆满结束，本校区代表队获得冠军。

在济南市安全生产工作会议上，我校荣获“济南市2009年度安全生产先进单位”。

2010年

1月6日

我校第5届京剧联欢会在山东剧院举行，济南市政府邹世平副市长也走上舞台，演唱了传统京剧《卖锏》和现代京剧《红灯记》选段。联欢会取得圆满成功。

“演讲与口才”校本课程实战演练活动——朗诵比赛在东校区第二多媒体教室举行。

1月7日

东校学长分享会成功举行。我校2005级毕业生、现在香港中文大学就读的潘淦学长回到母校与学弟学妹们作了交流。

济南市总工会和我校部分领导慰问我校全国劳模邵丽云老师并为她庆祝生日。

1月8日

我校请来山东省发明协会陈明泉教授，举办了“研究性选题指导”讲座。

1月10日

爱心社同学走进儿童康复中心奉献爱心。

1月12日

我校领导班子、领导干部2009年度考核工作圆满结束。

1月18日

我校夏天宁等80余名同学，获得国家环保总局宣教中心（CEEC）与瑞典隆德大学国际工业环境经济学院（IIIEE）联合颁发的“环境小硕士”结业证书，张克宏、赵温霞、张兴卫、宋武栋4名老师作为指导老师也获得了结业证书。

共青团我校第 25 次代表大会在我校六楼大礼堂召开。大会审议通过 2008～2009 共青团工作报告，选举产生 2009 级团委委员、团总支成员选举。

1月20日

我校分别举行高一、高二年级宪法知识竞赛，旨在敦促同学们走进宪法，学习宪法，了解宪法。

1月23日

我校 2009 年度教学年会在学校实验科苑六层会议厅举行。整个教学年会分为“回眸 2009”“表彰 2009”和“展望 2010”三个篇章，全方位地呈现了新课改进程中取得的累累硕果并明确了 2010 学校教学工作前进的方向。

1月25日

在全国中学生英语能力大赛中，我校高二 24 班张亚琦、孙晨光同学获一等奖，张亚琦同学获山东省第 9 名。另外高二 24 班郭秋含、23 班陈逸群、高远同学，高二 6 班安思琪、11 班倪丹蕊获二等奖。我校获优秀组织奖。

我校高二 11 班 4 名同学将全校同学捐献的爱心挂历送到盲校孩子们手中，并与孩子们进行了交流。

2月1日

我校荣获“山东省教育国际交流与合作先进单位”称号，张卫同志荣获先进个人奖。

2月5日

学校举行了离退休教职工迎新春茶话会。

市教育局副局长胡晓卉、市教育局人事处处长马保山等领导来我校走访慰问全国劳模—胡宏智、邵丽云老师。

由清华大学、北京大学、中国科技大学、中国政法大学、武汉大学、北京邮电大学、中南财经大学等 9 所高校学长组成的报告团在东校实验书苑向学弟学妹介绍了学习经验。

2月6日

我校举行深入学习实践科学发展观活动群众满意度测评大会。

在春节即将到来之际，我校领导班子走访慰问老干部、老党员。

寒假期间，在感恩作业之外，我校又为学生准备了一份新的作业——“创新”。

2月7日

刘堃校长、何庆利副校长与学校政教处的有关领导以及部分班主任老师一起，共赴品学兼优、学业进步的贫困生家庭走访、慰问，并向学生颁发励志奖。

2月9日

“第12届全国新概念作文大赛”颁奖大会于在上海举行。我校2008级5班方言、2009级14班高亦杨2位同学荣获一等奖（山东省共3位同学获一等奖），李晓藤（2007级17班）等5位同学荣获二等奖。成绩再次名列全国第一。

2月26日

我校全体教职工在实验科苑6层会议厅参加了新学年大会。向全体职工传达了学校2010年度工作计划。

3月1日

全国第3届中小学艺术展演活动在上海落下帷幕。我校民乐团参演作品《滚核桃》不负众望，荣获全国一等奖。这是我校继第1届《打春》、第2届《醉翁戏鸟》连获2届全国一等奖后，成为全省唯一连续3届荣获该奖项的单位。

我校被授予“2009年度济南市教育系统语言文字工作先进集体”荣誉称号。

我校男子篮球队夺得“2009～2010中国中学生篮球联赛”北大区亚军，连续2年进军全国总决赛。

3月2日

我校新学期开学典礼在实验楼6楼礼堂举行。学校表彰了2009～2010学年第一学期的先进集体、优秀团支部、省市三好学生、优秀学生干部和“实验之星”奖章获得者。

3月5日

学校召开办公会，党委书记、校长刘堃向中层以上干部传达了济南市教育系统党风廉政建设会议精神和开展“执政为民，廉洁高效”集中教育活动实施方案。

值学雷锋日之际，高一27班的同学自发组织开展“学雷锋，树新风”校园保洁活动来纪念雷锋，弘扬雷锋精神。

在舜耕会堂召开了济南市各界妇女纪念“三八”国际劳动妇女节100周年大会上，我校邵丽云老师获“60年济南妇女杰出人物”称号。

3月8日

我校第3届“科技创新教育月”活动启动仪式在校田径场举行。与往年相比，我校进一步完善了活动方案，增加了“纸飞机”、“电视发射塔设计”和“班级网页设计”3项内容。

3月9日

我校成功举办了“保送生经验交流会”。

我校2009级18班“修身银行”挂牌成立，这一富有创意的德育模式在班级管理中起到了较好的效果。

据有关媒体报道，我校1997届校友、空军现役第7批女飞行员曹艳艳成为国家首批女航天员的15名候选人之一。

3月12日

我校举行高一爱心社成立暨爱心压岁钱捐助仪式，此次活动中本校区共募得捐款18187.6元，并向济南市慈善总会现场捐款2000元。高一年级贫困生的助学金也由各班主任当场代领。

市委常委、宣传部长谭延伟来我校考察调研。

在校务办公会上，我校党委书记、校长刘堃代表学校与各处室签订了处室工作及党风廉政建设和安全工作目标责任书。

我校齐樱宇同学捡200万速还失主，学校颁发“实验之星三级奖章”，表彰齐樱宇同学拾金不昧，众多新闻媒体对此事进行宣传报道。

3月14日

在“吉利汽车杯”济南市第5届乒乓球等级联赛甲级比赛中我校学生李梦雅首夺女球王。

我校举行高三教研组长、备课组长会议，本次会议的主题是针对高三教学模式和命题进行专题研讨，这是我校教师开展教育教学专题研究系列活动之一。

3月16日

山东大学环境科学与工程学院副院长、博士生导师刘汝涛教授在我校作了《环境与健康》主题报告。

我校举行青年教师座谈会，青年老师交流了工作以来的心得体会，并提出了教育教学工作中存在的一些困惑。学校领导分别就老师们提出的问题进行了分析和解答。

3月17日

我校举行全校党员大会暨“执政为民，廉洁高效”集中教育活动动员大会。

国家领导人首席翻译，我校1993级校友张璐受到亿万观众和网民的热捧。

3月18日

科技部2008年度基础工作项目《中小学生创造力培养案例研究》（子课题）中期研讨会在云南省昆明市召开。我校作为案例学校，承担了子课题《我校高中生创造力培养的案例研究》任务，积极参与并按照课题进程完成相关工作。

3月19日

在办公会上，我校党委书记刘堃校长带领学校干部对《国家中长期教育改革和发展规划纲要》（征求意见稿）进行了专题学习。

3月20日

我校党员、团员教职工近百人在校党委书记、校长刘堃，党委副书记王如恒同志的带领下，赴山东省青少年素质教育拓展中心植树基地开展义务植树活动。

刘堃校长在全省中等职业学校和中小学深入学习实践科学发展观活动总结交流会上作典型发言。

第25届济南市青少年科技创新大赛在市科技活动中心举办，我校3项作品获得一等奖。

3月22日

我校被授予“2009年度济南市教育系统语言文字工作先进集体”

荣誉称号。

3月23日

我校开展了第11届校园体育节。通过体育节活动，同学们既收获了运动的欢愉，同时也得到了集体的温暖和力量。

3月24日

日本山口县观光交流促进访问团一行来我校进行访问。

3月26日

在学校行政办公例会的专题学习中，我校心理健康辅导中心指导教师、国家二级咨询师温学琦老师作了《我校学生心理状况报告》专题讲座。这是办公会专题学习首次由普通老师担任主讲。

3月29日

第15个“全国中小学生安全教育日”，我校开展了主题为“加强疏散演练确保学生平安”的紧急疏散演练。

3月30日

由湖北省随州市政府副秘书长康仲舫带领的随州市教育考察团一行来我校进行了参观访问。

3月31日

学校组织高一学生前往英雄山革命公墓进行清明节扫墓活动。

我校石磊老师执教全国高中劳动技术/通用技术优质课教学观摩研讨会观摩课。

4月6日

我校党委召开全体党员大会举行“廉政警示教育”活动，集体收看了短片《欲之祸》。

望朔话剧社编排的话剧《立秋》在礼堂成功上演。

4月7日

我校2个校区分别举行了主题为“学生心理健康教育”的班主任工作论坛，由此拉开了启动“心理咨询师”培训活动的序幕。

4月8日

我校被授予“成都电子科技大学优质生源基地”。

我校2007级学生会主席刘畅同学被美国耶鲁大学、斯坦福大学录取，拿到了耶鲁大学每年57000美元的全额奖学金，斯坦福大学也给了她将近全额奖学金。

4月9日

济南市教育宣传法制工作会议在济南九中召开，我校被评为“2009年度教育新闻宣传工作先进集体”。

4月11日

在共青团济南市委举行的“一人一瓶水，爱心送旱区”募捐仪式上，学校团委将我校两校区团员青年向旱区人民的捐款共计27425.71元，转交给共青团济南市委，用实际行动奉献实验学子的爱心。

4月12日

“2009～2010中国中学生作文大赛”在香港落幕。我校2009级29班张立堃获得高中组“恒源祥文学之星”提名奖。2008级19班李云、2008级1班姜薛伟、2007级33班刘学阳、2009级29班张立堃、2007级5班王芳悟、2008级12班孙天元等6位同学荣获“恒源祥文学之星”全国一等奖。成为全国获奖人数最多的学校。

我校心理健康辅导中心指导教师、国家二级咨询师温学琦老师为东校全体高三学生作了《高考，让我们做得更好》心理专题讲座。

4月13日

我校雅风社公演著名话剧《雷雨》引轰动。

4月14日

爱乐社在我校音乐教室成功举办了四月专场演出——“繁花似锦”。

4月15日

高一32班在1楼大厅进行了本班的宿舍画报展览，展示了9个宿舍的别样风采。

我校爱心社同学来到山东省红十字会，第一时间向青海玉树灾区捐款1万元，用实际行动支援灾区人民。

4月16日

我校张兴卫、季京仁2位老师赴北京参加了由国家环保部宣教中心组织的YMP（Young Masters Programme，“环境小硕士”）课程教师培训班。

我校荣获第 12 届 FLL 机器人世锦赛中国公开赛团队合作奖。

4月19日

原济南市教委副主任郝守奎、王江文带领市教育局及市直学校部分老干部到我校东校区进行考察。

我校郭尚民老师荣获全国首届中学语文教师教学基本功大赛一等奖。

我校荣获“山东省心理健康教育先进单位”称号，我校心理健康辅导教师韩海萍、温学琦被评为“先进个人”。

4月20日

我校 2009 级劳动基地种植权竞标会在第二多媒体教室如期举行。

青年读书会与英卓社举行了一场别开生面的研讨学习活动，就东西方文化与英文书籍的阅读展开了热烈的讨论。

4月21日

纪念玉树地震遇难同胞全国哀悼日，我校下半旗向遇难同胞致哀，东校各教室点亮烛光，寄托哀思。

4月22日

山东省青年书协和济南市青年书协共同建立的第一个“书法教学基地”在我校揭牌成立。

4月23日

我校成功举办国际语言类课程研讨会，徐怀武、仉昕、李明明、原园 4 位老师分别开设了日语、韩语、俄语、德语 4 节展示课，刘堃校长作了题为《构建实验课程体系，提升学校核心竞争力》的主题报告。

4月24日

我校学生社团英卓社和学生会联合组织举办了第 5 届东、本校英语口语对抗赛本校区选拔赛。

4月27日

全国美术课程专家陈卫和教授、周凤甫教授等一行对我校实施美术新课程模块教学进行实地考察和调研。

4月28日

我校3件作品荣获省科技创新大赛一等奖。

学校工会积极组织全校教职工为玉树地震赈灾捐款，两校区共筹集善款共计3.4万余元。

我校语文组荣获济南市“工人先锋号”称号。

我校再获“全国实验区高中化学新课程实施先进单位”称号。

我校在实验楼会议厅举行学校名师团队建设启动大会。郑玉香副校长公布了我校名师团队建设计划和我校首批名师团队成员，我校党委书记、校长刘堃同志作了《名校名师两相依，名师成长正当时》的主题报告。

我校2008级举行“化学与生活”方程式大赛，这是高二化学组面向2008级学生组织的第3次化学主题教育活动。

4月30日

我校举行高三教师工作会。刘堃校长在大会上作了《再谈高三教学的观念和模式》的专题报告。

我校代表队获济南市中学生田径运动会39连冠。

5月7日

郭店派出所、济钢交警中队来东校实地查看安全防范情况，确定联动机制。

我校程鲁华老师荣获国家“十一五”规划课题子课题优秀成果一等奖。

我校邵丽云老师选送课程被纳入国家级资源库。

我校党委副书记王如恒于赴加拿大、韩国进行文化考察交流活动，并与Ross Sheppard高中就开展孔子课堂活动进行了广泛深入的磋商，确定了进行“友好学校交流”的目标。

5月8日

我校获济南市中学生游泳比赛冠军。

我校2008级16班鲁美辰同学在获得北京大学保送资格以后，又被英国剑桥大学录取。

2010年山东省中小学电脑制作活动电脑作品评选于4月上旬在

济南结束。我校报送的 9 件作品有 7 件荣获大赛一等奖。

5 月 11 日

由校团委、2007 级 17 班保送生同学主办的“团员风采——民族及浪漫主义音乐会”在音乐教室成功举行。这是我团委开展的“青春五月”增强团员意识主题教育系列活动之一。

我校启动了“防灾减灾主题活动”及对日常达标班级的表彰仪式。

5 月 12 日

为纪念“五四”青年节，“向青春致敬——红五月朗诵会”在东校礼堂举行。

王岱老师应邀主讲“创新作文”大讲堂。

我校被聘为“全国校园文学研究会常务理事单位”。

5 月 14 日

国家教育督导团校园安全防范专项督导检查组来我校督导检查。

5 月 16 日

我校期中家长会在本校区如期举行。

我校名师“四点讲座”如期举办。本期名师四点讲座由特级教师、教务处主任韩相河、“十佳青年教师”于永水担纲主讲。

5 月 18 日

我校举行首届读书节启动仪式。此次读书节由学校语文组发起，以“读书启迪思维；读书带动读书；营造读书氛围；创建书香校园”为活动宗旨，将通过形式多样的活动，唱响“沐浴书香，润泽人生”的主旋律。

5 月 19 日

读书节系列讲座正式开讲，第一讲是王岱老师的“阅读·思考·写作”。

5 月 22 日

我校东、本校英语对抗赛在本校礼堂拉开序幕。本校区代表队获得冠军。

5 月 24 日

我校举行 2010 届高三毕业典礼，升旗手由已被美国耶鲁大学录取的2007级15班刘畅同学和已被英国剑桥大学录取的2007级16班鲁美辰同学担任。

我校陆续收到2009年申报的专利证书125项。

5月26日

由我校学生社团爱乐社和学校艺术团共同组织的器乐专场演出——“鼓舞弦动”在音乐教室顺利举行。

我校分校区召开党员大会举行“深入开展创先争优争做敬业先锋活动”动员大会。

5月27日

我校毕业生韩炳鸿荣获北京大学“学生五四奖章”，此奖项每2年评选一次，是北京大学授予学生个人的最高荣誉。

我校被中国传媒大学动画学院确定为优质生源基地。

5月30日

我校举行首届动漫节专家讲座，中国传媒大学动画学院副院长石民勇、贾否教授、艾胜英老师为同学们上了一堂生动的“动漫之旅”专业课。

5月31日

山东省重点高中首届“校园动漫艺术节”颁奖典礼在东校区礼堂隆重举行。本届“校园动漫艺术节”由中国传媒大学动画学院、山东省教育学会美术教学研究专业委员会主办，我校承办。共收到全省各地重点高中参赛作品400余件。有64件作品获奖，其中我校有46人次获奖。

在全市开展“携手慈善，共建和谐”为主题的“慈心一日捐”活动中。我校全体教职工捐出善款38130元。

我校举行首届“525我爱我”心理健康活动周。本次活动主题为“呵护生命，拥抱生活，感恩社会”。为此我校心理中心举行系列老师与学生的活动。

6月1日

东校英语社经典巨作《Titanic》在东校礼堂上演。

我校首届读书节“启德学府”杯经典诗歌朗诵大赛。

6月2日

我校首届读书节“启德学府”杯演讲比赛决赛。

6月3日

爱乐社音乐会在学校礼堂隆重举行。

我校本校高一化学组于6月22日在六层会议室举行了首届“化学方程式大赛”。

6月10日

我校学子修身、研究性学习课程体系通过省规划办立项。

6月11日

我校舞韵社在礼堂为同学们奉上了一场异彩纷呈的视觉盛宴。

6月17日

我校召开全体干部会议，济南市教育局副局长王春光同志、济南市人民政府教育督导室副主任督学马爱玲同志出席会议，正式宣布了我校领导班子成员人事任免决定：刘堃同志任济南市教育局副局长，不再担任我校党委书记、校长职务；王品木同志任我校党委副书记、校长，不再担任济钢高级中学党委书记、校长职务。

6月22日

我校分支部召开预备党员转正和纳新大会。按照转正和纳新程序，一致同意3个教职工预备党员转为正式党员，一致同意接收3个老师和22名学生为中共预备党员。

6月23日

北京理工大学优秀生源基地挂牌仪式在我校举行，我校成为北京理工大学的“优秀生源基地”。北京理工大学校长、中科院院士胡海岩、山东省教育厅副厅长宋承祥、北京理工大学副校长赵显利等领导出席了仪式。

6月24日

我校法学社在第二多媒体教室进行了展示活动——模拟法庭。这是法学社自成立以来进行的最重要的一次活动。

6月28日

我校启动实验学子“修身”行动——“责任”主题教育活动，

王品木校长在启动仪式上作了重要讲话，这也是王校长就任我校校长后，第一次与全校师生见面。各班组织召开了以“责任，与我同行”为主题的班团会，进行了“修身”调查问卷。并签署《实验学子“责任”承诺书》。

中国科技大学发来喜报，我校 2006 届毕业生孙玮、王淼取得麻省理工等学校进修资格。

6 月 29 日

我校在实验科苑 6 楼会议厅隆重举行庆祝建党 89 周年大会暨《实验党建》首发仪式。《实验党建》是学校党委经过一年多精心编辑出版的第一本党建专集，它全面展示了我校自 1948 年 10 月党组织建立以来的发展历程，是我校 62 年来党建工作的历史总结。这是我校党建历史上的一件大事。

6 月 29 日

在首届全国大中小学生规范汉字书写大赛上，我校有 4 名教师获山东赛区优秀指导教师奖，有 10 名同学分获山东赛区二、三等奖。

6 月 30 日

我校张琳、郭霞、韩玲、卢彦、于丽老师获省教育科研优秀成果一等奖 12 人获二等奖。

在济南市第 11 届“走青春路，做育花人”主题教育活动中，我校李丽老师荣获一等奖第一名，陈琳老师荣获二等奖。

我校工会被中华全国总工会授予“全国模范职工之家”荣誉称号，是教育系统唯一获此殊荣的单位。

7 月 3 日

王品木校长应邀参加了北京大学“中学校长高峰论坛”并出席了北京大学 2010 届毕业典礼暨学位授予仪式。

我校石磊、马宗民、杨育红、张琳、陆彩霞 5 位济南名师课题研究成果通过鉴定。

7 月 10 日

我校 2009 级家长委员会成立大会在音乐教室举行。35 位来自各行各业的关心子女成长、热诚于学校教育的家长成为了本届委员会的成员。

7月16日

济南市“五五”普法依法治理工作考核验收组来我校检查。

我校5名师生参加“2010未来企业家训练营”。

7月17日

我校召开大会布置暑期工作，履新的王品木校长面向全体教职工进行了正式就职演说。

我校7名师生代表我校参加了为期4天的北京大学模拟联合国大会山东地区分会活动。

7月20日

我校师生74人分两批赴日本参加了修学夏令营活动。

为期4天的2010年暑期集体组织社会实践活动圆满结束。两校区共有1000余名学生参加了济南市人事局人才交流中心、山东省劳动和社会保障厅职业介绍中心、山东省博物馆、山东省科技馆、洪家楼新华书店等5个实践基地的集中社会实践活动，另有部分学生以小组或个人的方式参与当地社区的实践活动。

7月21日

我校11名同学参加了为期2天的山东省黄河三角洲高效生态经济区青少年科学考察宣传活动。

我校国学社成员在来到泰安进行国学实地考察活动。

7月25日

“长江杯”第11届全国中小学电脑制作活动夏令营在湖北省武汉市举行。我校荣获3个二等奖、2个三等奖，王亦申、孙凯祺、徐静怡3名同学取得了高考保送的资格。石磊老师、程鲁华老师荣获“大赛优秀指导奖”。

7月30日

我校男篮获山东省第11届中学生运动会男子篮球比赛冠军。

在第27届全国青少年信息学奥林匹克竞赛（简称NOI）中，我校李其乐同学发挥出色，荣获金牌第14名，同时入选国家集训队，并现场与清华大学签约。

在第9届全国创新英语大赛中，我校12人获一等奖；6人获二等奖；5人获三等奖。总成绩在山东省参赛学校位居第一，在全国也名列前茅。23名获奖者均获得参加高考自主招生测试资格。

8月7日

第25届全国青少年科技创新大赛在广东省广州市举行。我校选手娄煜远同学取得了大赛二等奖，获得高考保送资格。石磊老师荣获“大赛优秀指导奖”。

8月12日

我校对新加坡淡滨尼初级学院进行了友好访问。

8月16日

我校2008级学生会副主席李珂昱出席2010哈佛中美领袖峰会北京峰会。

8月17日

我校中层以上干部、年级组长、教研组长及部分教师代表在实验楼接待室收看了山东省学习贯彻全国教育工作会议和教育规划纲要专题培训报告。

我校男篮再夺“山东省体育传统项目学校篮球比赛”冠军。

8月22日

我校在日照举行了2010年暑期干部读书会，学校全体中层以上干部参加了会议。党委副书记、校长王品木在读书会上作了《见微知著，提高管理水平；开拓创新，促进更快发展》的主题报告，全面准确地分析把握当前的教育形势，并结合学校实际，提出了下一阶段教育教学管理的规划和思路。

我校第7届班主任研讨会在日照成功举行。王品木校长作了题为“走进班主任的主题”报告。政教处钟红军主任和温学琦老师分别作了专题报告，何庆利副校长作了下届班主任研讨会的开题报告——《追寻教育本质，幸福教育人生》。

8月23日

我校学生会副主席李珂昱同学作为代表出席中华全国学联会议。

8月29日

我校在实验科苑6层会议厅召开了新学年全体教职工大会。

我校以郑玉香副校长为团长的赴日本和歌山县那贺高中的师生交流团一行20人圆满结束了为期6天的游学交流，顺利归来。

8月30日

我校新一届高三第1次工作会议在实验科苑6层会议厅举行。

9月1日

我校隆重举行升旗仪式暨开学典礼，全体师生以饱满向上的精神风貌迎接新学年的到来。2010学年第二学期开始，林南教学楼的班级全部搬迁，林南教学楼自2000年从市中区教育局租借，将于2011年春节后归还，林南小楼正式成为历史。

我校王耀生老校长迎来了90岁寿辰，学校领导班子成员、工会主席和校民盟支部主委前往祝贺华诞。

9月2日

崔剑平烈士牺牲13周年纪念日，学校领导和学生代表举行仪式沉痛悼念英雄校友崔剑平。

我校第1届学长报告会在2楼礼堂隆重举行。本次学长报告会以“走进梦开始的地方”为主题。

9月3日

由团中央主办的百名IT精英进校园活动在我校开展。中国浪潮集团有限公司董事长兼首席执行官、被誉为“中国服务器之父”的孙丕恕和北京创毅视讯有限责任公司董事长兼首席执行官、美国伯克利大学工学博士张辉走进实验论坛，与实验学子进行了亲切交流。

9月4日

2010级军训画报在教学楼大厅展出。

我校青年教师积极参加济南市“文明践行我带头，文明单位在行动”文明交通行动。在杆石桥路口协助交警执勤，劝阻交通违章，倡导文明出行，充分展示实验中学青年教师的形象。

我校参与发布教师节倡议，倡议全体教师自觉抵制有偿家教。

9月8日

我校召开庆祝教师节离退休教职工代表座谈会。

9月9日

我校分校区组织教职工认真收看了由省委、省政府召开的全省教育工作会议。

在第26个教师节来临之际，学校领导用一种特殊的礼物向教师传递着节日的祝福，赠送每位老师一本书——《陶行知传》，以此向老师们致以节日的祝贺和亲切的慰问。

我校团总支向全校同学发出倡议，倡议各班各团支部开展“五个一”活动，即“一句问候、一支鲜花、一张贺卡、一条短信、一杯热茶”，向辛勤工作的老师们致以节日的问候。

我校东校区举行庆祝第26个教师节暨建国61周年美术书法摄影作品展。

2010级各班团支部举办教师节画报展。

为庆祝教师节，团委组织团员青年开展给老师短信送祝福活动。

9月13日

我校在升旗仪式期间，隆重表彰第9届“优秀广播员”和首届“优秀学生记者”。

9月14日

我校法制教育报告会在礼堂顺利召开，此次报告会由山东省高级人民法院行政审判庭一庭副庭长谢萍主讲。

学生社团爱乐社在我校音乐教室成功举办了新学期首次专场演出——“金秋映像”迎新生文艺汇演。

9月15日

“全国中学有效教学实践策略研讨暨山东、河北名校高效课堂教学模式现场观摩学习活动”在我校举行。上午，我校举办高效课堂教好学会特级教师展示活动，刘敏、邵丽云、钟红军3位特级教师为大家献上了3堂观摩课；下午，王品木校长在6楼会议室作了题为《让教师成为奔淌的河流——新课程背景下教师专业队伍的成长》的专题报告，受到参会来宾的热烈欢迎。

9月17日

我校召开实行“双诺、双述、双评”制度动员大会，全体党员领取“党员岗位责任书”，进行了认岗。

我校分校区举行了“学法指导”专题讲座与辅导活动，王克芳、田延平、王金勇3位教师为学生们进行学法指导。

9月20日

在第27届全国中学生奥林匹克物理竞赛（山东赛区）中，我校共有16名同学获得一等奖，获奖人数居山东省榜首，这些同学同时取得向全国重点大学保送的资格。

我校在“叶圣陶杯”全国作文大赛再创佳绩，石雨、顾元君、王玥3位同学荣获一等奖，范潇帅、施晓彤、耿旭菲等16位同学荣获二等奖，另有30位同学荣获三等奖。

9月24日

我校高一23班的胡济闽同学赴印度参加了在印度昌迪加尔举行的第5届世界青年和平节。

“济南市十八岁成人节”之际，我校开展成人主题教育系列活动，包括做一件有意义的事为自己的18岁献礼、体验一天的成人生活、确定自己的成人宣言、举行“十八岁成人宣誓仪式”、召开《我们的十八岁》主题团会、父母给孩子的一封信等。

9月27日

我校第5届社团推介活动成功举办。

我校在中央教科所、中国当代文学研究会联合举办的第三届全国“文心雕龙杯”写作大赛中再创佳绩。卞伟玮同学荣获特等奖；马超等9位同学荣获一等奖；张钰莹等16位同学荣获二等奖；满佳程等30位同学荣获三等奖。张译元同学荣获全国“才艺之星”称号。

我校举行庆祝建国61周年教职工书画摄影展。

9月28日

高三各班举行《我们的十八岁》主题班团会。

9月29日

我校举行“春蕾”义卖活动。

我校王品木校长在2010山东素质教育论坛作了《让教师成为奔淌的河流——新课程背景下教师队伍建设的探索》的专题发言。

9月30日

我校举行秋季运动会。

10月12日

内蒙古呼和浩特市教育局来我校考察新课改。

我校爱乐社“秋日私语”音乐会在1楼多媒体教室精彩上演。

10月14日

我校多人在第9届全国英语创新大赛中获奖，薄天元等24名同学获全国优胜奖，张舜等46名同学获分赛区优胜奖，高惠燕等16位老师同时获优秀辅导教师奖。

教育部授予我校“全国学校艺术教育先进单位”荣誉称号。

我校望朔话剧社钢琴音乐剧《我们的故事》成功上演。

10月16日

我校举行离退休教工趣味运动会。

10月18日

我校东校区举行我校举办退休教师温长久作品《温长久反横书画》捐赠仪式。

我校济南市文化广播新闻出版局和济南市教育局评为“非物质文化遗产进校园活动”先进单位。

中国教育电视台到我校进行了非物质文化遗产专题调研和采风活动。

美国俄勒冈州圣玛丽中学校长Frank Philips先生一行3人对我校进行了短暂地友好访问。

我校教师周明君获得“卡西欧”杯全国优质课评比一等奖。

黑龙江、河南、甘肃、广东等地的教育代表团先后来我校进行参观考察。

10月19日

我校东校区举办第5届社团推介日活动。

10月20日

学校团委组织开展了实验学子“修身”行动——“青春与责任”主题演讲比赛。

我校举行首次记者团和宣传委员专题培训，济南时报记者赵静作了专题讲座。

10月21日

我校育工作者协会换届选举大会隆重召开。会上选举产生了第6届老教协理事会，吴大同担任会长，鞠丽、张书华担任副会长，陈大彬、李继华、柏岱阳、秦钧、唐玉萍、来惠生为理事会成员。

我校排球队在济南市第17届教职工排球比赛中分别获得女队冠军，男队亚军的佳绩。

我校王虎老师荣获“菁华杯”首届全国新课程中学优质课评选教学设计一等奖。

我校代表济南市参加全国青少年校园青春健身操大赛获得健身操基础套路二等奖，拉拉队基础套路二等奖。

10月22日

我校举行了以“聚焦课堂，科学高效，百花齐放”为主题的校庆展示课暨济南市“开展有效教研，构建高效课堂”教学研讨活动。展示的形式有特级教师示范课、“同课异构”特色课、省市级观摩课等。15名老师精心准备的展示课受到与会者的高度赞扬。两节研究性学习课较好地阐释了学校在践行新课改理念，打造富有实验特色的研究性学习活动课方面所做的努力和成就。

10月24日

省消防总队下派督察站领导对我校全员开展“消防安全四个能力”标准化建设情况进行了督察。

10月25日

我校举行高一年级“十月颂歌”合唱比赛。

10月26日

英卓社成功举办第2届“CASIO”杯英语知识对抗赛。

由我校学生会与育英中学联合举办的实验学子经验交流活动在

育英中学如期开展。

10月28日

我校10名师生在全济南市学校安全书画、摄影作品评比中获奖。

我校王品木、陆彩霞、王克芳、王岱、钟红军5位教师被评为山东省特级教师，至此。我校已有特级教师11人，居全省首位。

11月2日

江西赣州和贵州省教育代表团先后来我校参观考察新课改实施情况。

法国圣马洛高中师生代表团访问我校。

东校“2010金秋班级合唱比赛”在学校礼堂成功举行。

我校高一学习心理交流会在礼堂成功举行。

11月3日

第27届中学生物理竞赛决赛落幕，我校张帆同学获全国奥林匹克物理决赛一等奖并入选物理国家集训队、同时签约清华大学；韩乔同学获二等奖并保送清华大学；潘兴杰、孙风潇、张子豪获二等奖并保送北京大学；王家福同学获三等奖并保送北京大学。

11月4日

我校举行读书节爱心捐书活动，全校学生共募集2600多册非教辅类书籍，捐助槐荫区吴家堡中小学。

我校荣获“全省教育系统财会工作先进集体”称号。

11月5日

我校制定《关于北大2011年中学校长实名推荐选拔方案》，并对外公布。

11月9日

德国奥格斯堡霍尔拜因中学代表团师生一行28人对我校进行了友好访问，这是该校第2次访问我校。

11月10日

我校郑丛榕同学代表山东省参加第16届广州亚运会青年营。

第24届全国高中化学竞赛（省级赛区）中，我校共有14人获得山东省赛区一等奖（这14位同学同时获得重点大学保送资格），占山东省赛区一等奖人数的近 1/3，获奖人数居山东之首。高三 23 班刘谦益同学进入了山东省队，代表山东省参加全国化学竞赛的决赛。

在全国高中数学竞赛（山东赛区）中，我校共有 12 人获得山东省赛区一等奖（这 12 位同学同时获得重点大学保送资格），获奖人数居山东之首。其中高三 11 班崔春婧文同学和高三 8 班靳可欣同学进入了山东省队，代表山东省参加全国数学竞赛的决赛。

11 月 18 日

根据“北京大学 2011 年校长实名推荐制”和《我校关于北大 2011 年中学校长实名推荐选拔方案》，经学生个人自愿报名，推荐工作小组、面试小组根据学生综合素质考核名次和面试成绩确定预推人选，经领导小组研究，王品木校长决定，推荐高三 23 班李馥麟同学为我校北京大学 2011 年中学校长实名推荐候选人。

11 月 19 日

我校学生党校第 10 期培训班拉开了序幕。王品木校长主讲了本次培训的第一节党课《勇担责任，争当先锋》。

11 月 20 日

我校高一 13 班学生黄英睿“十五岁书法展”在济南明湖美术馆举行。

11 月 22 日

我校正式启动了以“与行为规范同行，与文明高雅相伴”为主题的行为规范建设主题教育活动。

11 月 24 日

我校男子篮球队取得 2010～2011 中国高中男子篮球联赛山东省比赛三连冠。

11 月 28 日

舜泉历史研究社成员参观山东博物馆新馆。

我校组织学生参加山东省第 2 届法律知识竞赛活动。我校成为“基础教育信息资源开发与服务试点工程项目”课题参与学校。

11 月 30 日

名师四点讲座在 6 楼大礼堂如期举办。由英语组宋武栋老师、物理组焦桂春老师、数学组王金勇老师担纲主讲。

新加坡淡滨尼初级学院代表团40余人对我校进行了友好访问。

加拿大埃德蒙顿ROSS SHEPPARD公立高中教师代表团访问我校。

我校学子论坛第93期《低碳生活》在第四多媒体教室圆满举行。

12月1日

我校与山东省女子劳教所签订互助协议，这标志着我校法制教育实践基地正式建立。

12月2日

团中央书记处书记卢雍政来我校调研共青团工作。

我校组织举办了以“交通法规，禁毒，预防未成年人犯罪，网络安全”等内容的法制教育宣传图片展。

12月4日

我校第27届学生代表大会在六楼礼堂隆重召开。会议审议通过了26届学生会工作报告，选举产生了27届学生会委员。

我校在由济南市教育局主办的第9届中小学合唱节比赛中，荣膺“优秀组织奖”，校队和班队双双摘得“表演一等奖”，高华老师荣获“优秀指挥奖”。

12月7日

曾连获4届全国大学生辩论赛最佳辩手的张国珩老师来到我校，就如何提高演讲口才与辩论技巧作了专题讲座。

12月9日

我校法制教育报告会在体育馆顺利举行，3位来自山东省第一女子劳改所的学员分别上台为同学们讲述了自己的亲身经历，给全体高二同学上了一堂极有意义的法制教育课。

12月14日

根据同济大学2011年中学校长直荐高中优秀毕业生的相关要求和《我校2011年同济大学中学校长直荐高中优秀毕业生方案》，经符合直荐条件的同学自愿报名，根据我校《保送生推荐、积分办法》，经领导小组研究，王品木校长决定，推荐高三31班张云昊同学为我校同济大学 2011 年校长直荐高中优秀毕业生。

12 月 16 日

我校武志东老师为同学们作了“中国国家安全和国际形势分析”的主题报告。

12 月 22 日

东校举行了迎新小品大赛，小品内容丰富多彩，每个节目都被演绎的妙趣横生，小品大赛取得圆满成功。

韩国高阳市教育代表团对我校进行了友好访问。

12 月 23 日

我校离退休教师与山东大学夕阳红艺术团举行了新年联欢会。

12 月 25 日

我校在章丘举行了高三全体教师工作会。

12 月 27 日

在第 5 届全国中小学劳技教育创新作品邀请赛上我校被评为“中小学生创造力培养示范学校”，4 名同学获得铜奖。

12 月 28 日

我校高一年级举办了以“责任”为主题的画报展。

12 月 29 日

我校首届读书节闭幕式在实验科苑 6 楼大礼堂圆满落幕。山东省教育厅副厅长张志勇出席了闭幕式。

我校学生生活自主管理委员会成立，并举行首次例会。

12 月 30 日

我校“喜迎 2011”元旦联欢会在实验科苑 6 楼大礼堂举行。

12 月 31 日

我校与山东大学艺术学院联合举办的“2011 新年民族音乐会”在山东剧院隆重举行。山东大学校党委副书记方宏建，济南市教育局局长陈东生、副局长朋星、王春光，济南市人民政府教育督导室副主任督学王学东，济南市教育局巡视员刘向伟，我校王品木校长等领导出席了音乐会。

我校韩玉坤老师在山东省高中语文优质课评选中获一等奖。

2011年

1月4日

学校“迎新钢琴音乐会”在音乐教室华丽呈现。我校第15届迎新小品大赛在实验楼六楼礼堂成功举行。

1月6日

我校在礼堂成功举办了新年联欢会。

1月7日

由我校学生社团“光影部落”组织的“美——掠影”新年摄影展在东校教学楼大厅正式展出。

截至1月份，我校2008级已共有18名学生被北大、清华两大学府提前录取。

我校被评为“济南教育学会先进单位”，张克宏、张琳评为先进个人，4项成果获一等奖。

1月9日

第9届“实验杯”辩论赛两校区决赛在东校区举行，辩题为“治堵，先修路还是先限车”，东校代表队获得冠军。

1月12日

东校在田径场和篮球场分别举行了高三、高二和高一年级举行了冬季阳光体育比赛。

我校8届7次教职工代表（扩大）会议在实验科苑6层会议厅举行。

1月14日

台湾著名文化人凌峰先生莅临我校举行《八千里路，阅读两岸》公益演讲。

1月15日

济南市全民健身中心与我校共建教育教学实践基地签约暨揭牌仪式在济南市全民健身中心举行。我校的网球、游泳课程将到全民健身中心的游泳馆、网球馆上课。开设游泳特色校本课程在全省高中尚属首次。

我校马凌等60余名同学获得国家环保总局宣教中心（CEEC）与瑞典隆德大学国际工业环境经济学院（IIIEE）联合颁发的“环境小硕士”项目结业证书。

1月17日

在全国英语能力大赛决赛中，我校2008级24班孙晨光，2009级28班张晨曦分别获得第2名和第4名。

我校举行实验学子“修身”行动—“责任”主题教育活动总结表彰仪式，学校评选出了十大班级特色“修身”活动和62位班级“修身责任之星”，活动中还评选出了3位“实验楷模”，他们是用责任与坚强诠释青春的2009级10班刘靳同学；默默奉献，视责任为己任的2008级2班陈邦泰同学；笑对人生，立志笃行的2008级16班王博同学。

1月21日

由清华大学、北京大学、浙江大学等高校学长组成的报告团在东校实验书苑向学弟学妹介绍在高中的生活学习经验。

1月24日

2010年度教学年会在学校实验科苑6层会议厅隆重举行。

1月25日

我校举行离退休教职工迎新春茶话会，会后学校领导走访慰问退休老教师。

我校被省教育厅评为“五五”教育普法工作先进集体。

1月28日

第13届“全国新概念作文大赛”颁奖大会在上海举行。刘晓辰、陈梦真、许珍妮3位同学荣获一等奖；徐一鸣、荆晗、张赫、刘歆雅4位同学荣获二等奖。我校获奖成绩再次名列全国榜首。

我校在 2011 年寒假为全校 5600 名学生设计布置了一项特殊的作业——《我校学生行为规范自测表》，加强行为规范教育。

2 月 12 日

我校师生代表团一行 24 人在张克宏副校长的带领下对法国圣马洛高中进行了首次友好访问，受到了圣马洛市市长及学校领导和师生的热情接待。

2 月 17 日

学校团委、学生总支举行本学期第 1 次全体团干部会议。

2 月 18 日

我校在实验科苑 6 层会议厅召开了全体教职工大会，部署新学期工作。

2 月 19 日

高一、高二年级先后在体育馆隆重举行新学期动员大会

我校于莉、张蕴禄荣获 2010 年度“教育科研先进个人”。刘沂珍、于新平获市第 5 届中小学教育案例评选一等奖，马炳新、刘丽、高婕、任兴华、刘玉珊、辛丽、季兴华等 7 人获二等奖。

2 月 20 日

由我校学生团总支撰写的调查报告《关于济南市城区交通状况的调查与建议》，以及由舜泉历史研究社撰写的研究报告《关于芙蓉街改造的几点建议》，由我校政协委员张爱梅主任作为政协提案转交济南两会，多家媒体进行了特别报道。

2 月 21 日

我校新学期开学典礼在大操场隆重举行。

我校被中共济南市纪委派出市教育局纪工委、济南市教育局评为“2010 年度党风廉政建设工作先进单位”和“济南市教育系统行风建设先进集体”。

3 月 4 日

2009 级 20 班与南上山街小学贫困小学生结对，奉献爱心。

我校荣获 2010 年度“工作先进单位”称号。

3月7日

东校第3届学生记者团正式成立。2010级25班齐迪同学当选第3届学生记者团团长，2010级33班李淑彤同学当选副团长。

我校召开办公会，党委副书记、校长王品木向全体中层以上干部传达了市教育局3月4日召开的教育年度工作会议和党风廉政建设工作会议的精神。

我校举行党风廉政、处室工作及安全工作目标责任书签字仪式。

我校第4届“科技创新教育月”启动仪式在校田径场隆重举行。

我校120多名同学获得国际青年成就组织中国总部颁发的“JA经济学”项目结业证书。顾静、牛文凯、马斯亮3位老师作为指导教师同时获得相关证书。

3月8日

我校张克宏副校长代表学校与山东众成仁和律师事务所张维军律师签署合同，聘其担任我校常年法律顾问。

我校2010级15班的同学代表来到济南市特殊教育中心，将全校同学捐献的爱心挂历送到盲童手中。

学校党委副书记、校长王品木携领导班子成员和工会领导，走进课堂、走进办公室，向获得第4届“巾帼十佳”荣誉称号的刘敏、朱晓英、郑淑云、吴静、范海沛、谭静、鹿玉芳、于莉、乌爱洁、马晓霞等10名教师颁发了证书并赠送了鲜花，以此向全校女教工致以节日的问候。

我校工会主席辛静，被评为济南市优秀妇女干部，同时授予济南市“三八”红旗手荣誉称号。

我校程鲁华老师被聘为教育部鲁琼两省2011年普通高中通用技术远程研修课程团队专家。

我校语文组全体教师在第二多媒体教室举行“古诗文阅读教学模式”探讨及观摩活动，拉开语文组“教师专业发展日”系列活动拉开帷幕。

3月9日

我校2010年度《事业单位法人年度报告书》公示。

我校高一年级举行了英语演讲比赛。

3月10日

我校模拟联合国协会4名学生代表（本校：曹安琪、郑丛榕；东校：刘若愚、孟澍）在指导教师宋武栋老师的带领下参加了2011年北京大学全国中学生模拟联合国大会（PKUMUN），充分展示了我校学生的风采。

我校举行了“英语周”系列活动之英语歌曲大赛。

3月11日

我校初高中经验交流会先后在育英中学、东方双语实验学校、山大二附中、实验初中和山师二附中5所初中顺利举行。

3月12日

由我校、实验中学家长委员会、济南市龙洞办事处联合举办的实验中学“青年林”项目正式启动。

3月14日

我校东校对上学期优秀升旗班和升旗手进行表彰，并向承办第9届“实验杯”辩论赛的承办班和优秀志愿者颁发奖励证书。

3月15日

我校爱心社成员来到“济南市启明星儿童康复中心”，带来实验学子的一份关爱。

我校话剧社举行成立仪式，并成功上演了新剧《断红尘》，反响强烈。

我校李丽老师荣获济南市“十大杰出青年岗位操作能手”称号，是此次评选我市教育系统唯一获此殊荣者。

实验学子论坛第96讲“芙蓉街的昨天·今天·明天”于第三科学报告厅顺利举行。本期论坛由舜泉历史研究社承办，担任主讲的是2010级11班冷佩伦和2010级7班王艺璇。

3月16日

我校分校区召开全体党员大会，传达党委年度计划，部署实施“深入基层，服务群众”主题活动。

我校科技创新大赛辅导员、信息技术组石磊老师开设了第4届科技创新月首堂讲座——《科技创新与专利申请》。

3月17日

团委张宏刚书记在实验书苑作了“科技创新与专利申请”专题讲座。

我校开展了《实验学子行为规范格言》征集评比活动。并将征集的行为规范格言制作成警示语牌张贴于宿舍、餐厅、书苑等公共场所。

3月21日

我校举行数学展示课教研活动，本次活动主题是“探讨课堂教学形式，突出学生自主学习，提高课堂教学实效”。

3月22日

我校3项省级课题成果《高中课堂教学设计研究》《高中数学探究课题学习的研究与实施》《新课程下语文阅读教学研究》通过专家鉴定结题。

我校学生组成研究性学习小组走上街头“调查自己”，对90后的特点进行广泛调研，齐鲁晚报等媒体进行报道。

我校举行第12届校园体育节，跳绳、踢毽子、板书接力比赛、定点投篮等经典项目如期上演。

3月24日

我校被济南市教育局授予“2010年度教育新闻宣传工作先进单位”荣誉称号，范海沛同志被评为“2010年度教育新闻宣传工作先进个人”。

3月28日

第16个“全国中小学生安全教育日”。我校以安全教育日为契机，开展了一系列安全教育活动。

3月29日

政教处在视频会议室召开了安全教育专题培训会。

3月31日

我校在6楼会议厅举行全体青年教师会议暨第6届“十佳青年教师”评选启动仪式。王品木校长为全校青年教师作了题为《好风凭借力，成长正当时》的专题报告。

4月1日

我校高三教学专题研讨会在潍坊举行。

我校于第一化学实验室进行了高一化学创新实验比赛。本次比赛的主题是“生活中含铝食品中铝的测定”。

4月6日

我校在实验科苑接待室举行“我校特长发展课程研讨会”。北京大学、清华大学、浙江大学、复旦大学、中国传媒大学以及山东大学的代表和我市部分兄弟学校的代表受邀参加了会议。王品木校长作了题为《学校特长发展课程的思考与实践》的报告。

在山东省第3届“山东省少年儿童发明奖”的评选活动中，我校2008级30班宁金强同学的“智能中药抓取系统”、2009级31班韩洋同学的“遥控车位锁”喜获铜奖，李德亮老师获得“园丁奖”。

4月8日

我校第4届科技创新运动会在学校体育馆拉开了序幕，从而将学校2011年度的科技创新月活动推向了高潮。科技创新月活动开展以来，先后聘请专家开展了近十几次科技创新专题讲座，实验学子每年都有3000余人次投身于形式丰富的科技创新活动中，学校收到各类科技创新作品2000余件。

4月12日

我校由东校法学社陈靖文、齐放两名同学主讲的《从香港廉政公署透视内地廉政体制》公开课成功举行。东校全体党员教职工参加了本次活动。

由校学生会学习部主办的2008级保送生经验交流会在第二阶梯教室成功举办。

4月14日

我校学生社团爱乐社在音乐教室成功举办了“素窗春雨”迎春主题器乐专场演出。

我校第4届学生环保服装设计暨模特大赛隆重举行。参赛设计师与模特全部来自普通学生，参赛服装全部采用废旧物品制作，倡导绿色环保的理念。众多媒体对此活动进行了报道。

我校张宏刚老师荣获济南市“青年技术创新能手”称号。

我校男子篮球队夺得第11届全国中学生运动会篮球预赛冠军。

在2011年济南市高中英语教师口语素质大赛中，我校教师李汝宁、祝瑞龙分别取得一等奖第1名和第3名的优异成绩。

2008级36班刘梦瑶同学、2008级21班张钰莹同学、2008级22班徐楚童同学、2009级5班燕青同学、2009级11班丁蓓同学。获第5届中国（北京）国际大学生动画节“小白杨奖”。

山东省青少年科技创新大赛日前在山东莱芜落下帷幕，我校有5项作品参加比赛，全部获省一等奖，3项入选全国比赛（全省仅10项），数量全省居首。

4月15日

我校邀请北京市西城教育研修学院德育心理室副主任朱洪秋来校为全体教师作德育工作专题报告。

4月17日

美国侯萨托尼克谷高中代表团一行14人在LISA BOWDEN老师的带领下对我校进行了友好访问。

我校部分学生参加“核辐射与公共健康”专题公益座谈会。

我校举行第6届“十佳”青年教师评选粉笔字、普通话、教育案例分析单项比赛。

4月22日

我校首届“我校教师读书节”启动仪式在实验科苑会议厅隆重举行。此次读书节以“让读书丰盈教师的灵魂和智慧”为主题，是我校“教师专业发展促进日”系列活动的组成部分，旨在创建我校教师专业发展的新机制，加快提升教师的专业发展水平。学校向每位老师赠送了苏霍姆林斯基的《给教师的建议》及专门设计的读书笔记本。

4月23日

我校首届后勤工作研讨会在东营举行，就新形势下学校后勤工作如何更好地为教育教学服务展开研讨。

4月25日

我校心理健康辅导中心指导教师、国家三级咨询师齐芬老师，为东校全体高三学生作了备考心理优化专题讲座。

4月27日

我校邵丽云老师荣获济南市“十大杰出职工”称号，是我市教育系统唯一的获奖者。

4月29日

我校在泰安举行高三第3次全体教师工作会议。

我校获济南市中学生田径运动会40连冠。

我校举办法制教育报告会。

5月3日

我校王品木校长被市教育局党委任命为学校党委书记。

我校王品木校长荣膺全国五一劳动奖章并作为山东省代表进京参加了庆祝大会。

在ACTS中国校园综合素质能力竞赛中，我校2008级尹杰同学获英语口语及英语笔试2项全国金奖。

“济南市中小学心理健康教育指导中心”成立大会在我校隆重召开。

5月4日

我校毕业生张悦然作为青年代表受邀到中南海与温家宝总理座谈。

5月5日

济南市历城区法院的领导来到我校为我校高一高二全体同学作了一场具有教育意义的法制报告。

5月7日

我校隆重举行“学校开放日”活动，创造性地设置了特级教师精讲学科学习策略环节，我校设立中美课程实验班的消息自发布以来，备受社会关注，成为“学校开放日”活动中的一个热点咨询问题。

5月10日

我校举办了专门面向高三年级的“考前30天心态优化”讲座，对即将迎来高考的毕业生进行有针对性的心理健康辅导。

我校游泳队获得2011年山东省中学生游泳锦标赛团体冠军。

5月12日

为庆祝五四运动92周年、中国共产党成立90周年以及实验中学东校成立10周年，我校在东校大礼堂特此举办“颂歌献给党——红五月朗诵会”。

5月15日

我校选修校本课程《工艺烙画》的同学在指导老师林伟老师的带领下，参加了“和谐中华”第2届海峡两岸经典文化推广会展演活动。

我校正式开设中美高中课程实验班，该班是山东省教育厅唯一批准的中美课程班，该班学制三年，实行中美高中双学历制，中美双方共同制定教育教学课程计划并共同实施。

5月16日

升旗仪式上，我校启动了实验学子“修身”行动——“仁爱”主题教育活动。

学校举行升旗仪式暨学校第2届读书节启动仪式。

5月17日

学校在东校视频会议室召开了餐厅管理工作会。

法国布列塔尼大区享有盛誉的民族艺术家一行8人访问了我校。

5月19日

由我校学生社团爱乐社、政教处与团委主办的“红色音符，华彩乐章”专场演出在音乐教室成功举行。

5月23日

我校隆重举行2011届高三毕业典礼。

我校第6届“十佳”青年教师评选决赛——“创新课堂”比赛分别在两校区举行。在本届“十佳青年教师”评选各单项比赛中脱颖而出的20名青年教师参加了“创新课堂”的比赛。

我校2008级张帆同学获得第12届亚洲物理奥林匹克竞赛金牌。

5月24日

我校成功举办首届“爱心”购物节，本次活动以“奉献一片爱心，承担社会责任”为主题，学生自愿捐出闲置物品义卖，共筹集善款 4372.2 元，这些善款将作为学校爱心基金，用于捐助家庭贫困的同学。

我校承办市教育局第一中心协作组第二专题学习活动。

我校教师读书节“实验的颜色”经典诗文诵读会在本校 6 楼会议厅隆重举行。

朱紫妍、刘英翔、车岍、黎晓晴 4 名同学作品入围全国电脑作品制作比赛。

5月25日

我校在“全国大学生心理健康日”之际启动心理健康教育。本次活动主题取 5·25 的谐音“我爱我”，分为主题班会教育及心理健康游戏——“车轮滚滚”两部分举行。

6月2日

理科党支部以“提升党员教师教科研能力，促进党员教师专业发展”为主题，举行了创建学习型党组织专题论坛。

我校校史馆被济南市委宣传部授予“济南市爱国主义教育基地”称号，作为弘扬历史文化、培育民族精神的重要阵地。

我校丁京纶同学在首届全国高中生技术设计大赛中获一等奖。

6月16日

第 2 届山东省高级中学“校园动漫艺术节”颁奖仪式在我校隆重举行。本次大赛共收到全省各地高中参赛作品 132 件。其中我校 27 名同学获奖，苏学武老师被评为优秀指导教师，我校被评为优秀组织奖。

6月13日

我校对“颂歌献给党”红五月朗诵会中涌现出的先进集体和先进个人进行表彰。

6月15日

高一语文组杨福前老师在二楼多媒体教室作了题为《中国现代小说》的专题讲座。

6月16日

我校“美术教师专业发展促进日”系列之美术模块系列活动在

东校隆重举行。

教育部首都师范大学基础教育课程研究中心、基教院副院长王海燕一行到我校调研。

在2011年5月美国举办的“世界和平玫瑰园”马丁·路德·金和平诗歌比赛（2011 Martin Luther King，Jr. “I Have a Dream” World Peace Rose Garden Peace Contest）中，我校选送的10件参赛作品皆入围并获奖。

我校高二学生杨溢个人收藏矿石展在省科技馆隆重举行。

我校化学组被授予济南市“巾帼文明岗”称号。

我2011届高考成绩斐然，重本和本科上线率再创历史新高，有30名学生进入北大、清华，居全省首位。

6月21日

我校舞韵社的同学们在礼堂为同学们呈现了一场动感与时尚并存、西方之美与东方神韵相结合的视觉盛宴。

6月22日

我校2011年教师、学生党员发展大会，分校区、分支部举行；有3名教师和22名学生光荣地成为中国共产党预备党员；有3名预备党员转正。

我校郑玉香副校长带领级部主任及教师代表前往日照实验高中、诸城繁华中学就级部管理制、导师制等内容进行了专项参观交流。

6月23日

我校举行“学习中国共产党历史”专家报告会特邀山东省委党校党史教研部副主任、硕士生导师王立新教授主讲。

6月30日

在教育系统庆祝建党90周年大会上，我校党委被中共济南市教育局党委授予“先进基层党组织”称号，本校区理科教师党支部、东校区文科教师党支部被授予“先进基层党支部”称号，我校党委副书记王如恒被授予“优秀党务工作者”称号，吴大同等11位同志被授予“优秀共产党员”称号。

我校老教协合唱团参加了济南市老教育工作者庆祝中国共产党

建党90周年“颂歌献给党”合唱节活动。

我校语文组贾凤飞老师受学校委派参加了“山东省首届名师送教进新疆”活动，赴山东对口援建的喀什地区巡回讲课交流，山东省教育电视台连续分专题播出对此事进行播出。众多新闻媒体也做了专题报道，特别在新疆当地反响也很强烈。

我校庆祝中国共产党建党90周年大会在学校6层会议厅隆重举行。25名教职工、学生进行入党宣誓；本校区理科支部、东校区文科支部被评为“先进党支部”，授予刘允锋等95名同志为“优秀共产党员”；范海沛等21名同志被授予“宣传工作先进个人”称号。

7月1日

中国共产党成立90周年的纪念日。在这样一个特别的日子里，我校爱心社收到了一笔特别的捐款，捐款人是我校的一位教师，也是一名有着多年党龄的优秀党员。

在全国中小学信息技术创新与实践活动中，徐一桐同学的作品《祝寿》、王一诺同学的作品《回家》荣获一等奖。

我校入选2011《中国百强中学》，我校党委书记、校长王品木应邀出席了会议，领取了“中国百强中学奖”。同时，他个人也被授予“中国百强中学杰出校长”。

7月9日

我校举行第6届“十佳青年教师”评选表彰仪式，杨晶、亓艳青、王璐、韩玲、刘维鹏、孙聪聪、何娟、安伟、刘丽、陈建10位老师荣膺学校第6届“十佳青年教师”荣誉称号。

7月10日

我校2010级家长委员会成立大会在音乐教室举行，36位来自各行各业的关心子女成长、热诚于学校教育的家长成为了本届委员会的成员。

7月15日

我校学生社会实践活动山东省图书馆基地挂牌仪式在省图书馆举行。

7月16日

我校学生社会实践活动府学文庙基地挂牌仪式在济南府学文庙

大成殿前举行。

我校代表队在青奥知识大奖赛济南赛区中勇夺冠军。

我校进行了级部主任的竞聘，级部管理制全面铺开。

7月17日

我校顾静、牛文恺老师以及学生栾鸾（2010级2班）、冷佩伦（2010级11班）、许伊娜（2010级29班）、周航（2010级34班）参加了2011未来企业家峰会。

7月24日

我校李劢、张悦、陈文琦、汪佳慧4名同学参加第5届中国创新英才特训营。

7月26日

我校赴美国洛杉矶西海岸英语夏令营师生一行共19人，对洛杉矶千橡树高级私立中学进行了友好访问学习，并参观了Pepperdine University（佩波戴恩大学）和UCLA（加利福尼亚大学洛杉矶分校）。

7月28日

我校师生代表团一行32人在郑玉香副校长的带领下，前往美国、加拿大与友好学校进行交流。

7月30日

我校师生代表团一行32人在我校副校长何庆利带领下赴英国伦敦，对友好学校莱斯顿学院（Lansdowne College）进行了首次友好访问。

8月8日

我校综合社会实践课程“游学天下”异彩纷呈，48名师生赴美国参加“常青藤”名校夏令营。

8月20日

我校2011年暑期干部读书会在莒县召开，学校中层以上干部、级部主任及教研组长50余人参加了会议。

8月21日

我校英语教师王淑萍参加了山东省教育厅和亚洲教育基金会联合举办的旨在促进中澳师生之间合作的“澳中之桥”——英语教师

学习交流项目。

8月26日

应省高院的邀请，我校团委书记张宏刚参加了由省高院主办，垦利县法院承办的“犯罪预防，权益保护”青少年司法保护论坛。

8月29日

我校新一届高三第一次工作会议在实验科苑六层会议厅隆重举行。党委书记、校长王品木同志在会上作了《顺势而为，乘势而上》的专题报告。

8月30日

我校新生入校教育第一讲在学校礼堂举行。政教处刘允锋主任作了题为《改变，为了梦想》的报告。

9月1日

我校隆重举行升旗仪式暨开学典礼。

我校4位名师邵丽云、王克芳、贾凤飞、程鲁华分赴济南七中、济南中学、济南九中和济南三中进行为期一年的济南市特级教师、名优教师跨校交流活动，济南七中的王雪梅、九中许凤霞、济南中学刘本娜、三中谢冬梅老师来我校交流。

我校师生共同收看了中央台播放的《开学第一课》——“幸福”。

9月2日

我校2010级学长报告会在东校礼堂隆重举行。

我校组织新生进行安全疏散演练。

崔剑平烈士牺牲14周年纪念日，我校在剑平石前举行仪式，沉痛悼念我们的英雄校友——崔剑平烈士。

我校科技竞赛8名同学获保送资格历史最佳。

我校学生在全国第10届创新英语大赛中勇创佳绩，2010级14班曹廷等4名同学荣获全国一等奖，2010级14班赵婧靖等5名同学获得全国二等奖，曹廷获得全国季军和由50位大众评审现场评出的最佳人气奖。

省实验中学在今年暑假中给每一个学生布置了一份特殊的暑假

作业——“文明修身作业”，内容包括“实验学子形象展评”活动，“行为规范主题调研”活动，“实验学子行为规范自查自测”活动，收到很好的教育实效。

9月3日

伴随着军训汇报表演的胜利闭幕，我校2011级高一新生入校教育圆满结束。在进行军事训练之余，校党委书记、校长王品木为全体新生作了《我的命运我来把握，学校历史由我创造》的主题讲话，政教处主任钟红军作了《入校第一课，学做实验人》的校规宣讲，教导处副主任刘庆华作了《高中学法指导》的专题报告。

2011级新生军训结训仪式在我校运动场隆重举行，济南军区某部副参谋长徐文明、学校党委书记校长王品木等领导出席了结训式。

9月18日

我校成功召开了2011级新生家长会。校党委书记、王品木校长作了题为《构建家校教育合力，促进学生全面发展》的主题报告。

我校在“山东省庆祝中国共产党成立90周年党史知识竞赛”活动中被授予“优秀组织奖”。

9月20日

我校成功举办第6届学生社团建设推介日活动。

9月22日

我校举行了“郭店派出所我校东校警务室”“我校东校暂住人口登记处”揭牌仪式。

9月24日

我校2009级的72名年满18周岁的高三同学，在济南府学文庙身着汉服，沿袭古礼，举行了传统意义上的古代成人礼，众多媒体进行报道。

9月26日

我校本校区高三1200余名学生面对鲜艳的五星红旗，进行了庄严的18岁成人宣誓，9月26日下午，高三各班举行《我们的十八岁》主题班会，每位家长给自己18岁的孩子写了一封信，写下对他们成人的殷切期望。

我校赵钧天同学荣获济南市“瞬间·永恒——纪念建党 90 周年”图片讲述比赛一等奖。

9 月 27 日

我校国际部邀请到资深雅思考官 Linda Tilson 来我校为中美高中课程实验班的同学们做了一场有关“如何提高口语”的讲座。

我校王品木校长被聘为云南省荣誉校长。

本校区首届学长报告会暨 2011 级团干部培训会在第三科学报告厅成功举办。此次活动由本校区学生团总支主办，主题为“实验校园全攻略”。

复旦大学发来喜报，对我校在 2011 年高考中有 14 名优秀学子升入该校的佳绩予以祝贺。

9 月 30 日

我校本校区 2011 年田径运动会田径场如期举行，本校区 68 个班级共 3700 余名学生参加了运动会。

10 月 2 日

我校代表团师生一行 17 人对德国奥格斯堡霍尔拜因学校校进行了友好访问，这是我校第四次访问该校。

10 月 4 日

我校舜泉学社成员来到位于经十东路的山东博物馆新馆，开始了一场富有深意的寻访之旅。

10 月 11 日

山东省高级人民法院刑一庭庭长冯爱冰、副庭长谢萍以及马磊、张华、方琳琳 3 位审判长一同参加了我校法学社的专题讨论活动。

北京大学公布了获得 2012 年度“中学校长实名推荐制”资质的中学及其校长名单，我校王品木校长位居其列，我校获得北京大学 2012 年“中学校长实名推荐制”2 人名额。我校还成为山东省第一个也是唯一获得 2 个名额的学校。

由我校艺术教育中心组织的学生社团爱乐社，在我校音乐教室成功举办迎新生、庆国庆“新汇金秋，悦音国庆”艺术节系列活动之一——爱乐社专场演出。

我校国际部中美高中课程实验班第 3 次学情会商会议在国际部 7 楼会议室召开。与会人员由中方课程教师和美方课程教师们组成。

10月13日

在东校书苑进行了高二级部语文学科“走向满分”双基达标竞赛活动。

2011 山东省第二届青少年书画大赛中，我校被评为“优秀组织奖”；美术组张允老师被评为“优秀指导教师奖”。

10月14日

由澳大利亚南澳天主教会教育局语言顾问陆杰鲁先生领队的澳大利亚阿德莱德大学孔子学院中小学校长代表团一行 12 人，来我校进行了为期半天的交流访问。

我校政教处主任刘允锋荣获 2010 年度济南市未成年人思想道德建设“优秀德育工作者”称号。崔乐俊、朱崇军、田延平、蔡秋娟、张成林、许文等 6 位同志被评为 2011 年度“市级优秀班主任”，同时，崔乐俊、朱崇军 2 位同志被确定为首批“市优秀班主任工作室”成员。

10月18日

由实验东校英语社和新东方教育联合主办的“托福讲座”于实验东校 1 楼多媒体举行。

我校在济南南部山区的山东省青少年实践教育基地——山青世界，举行了 2011 年离退休教职工趣味运动会。

10月20日

我校语文组许仪丰老师作客实验论坛为同学们献上一场丰富多彩的文化盛宴——“诗坛巾帼”。

在第 9 届“叶圣陶杯”全国中学生新作文大赛中，我校学生王晶玉荣获特等奖；王方威获一等奖；宋佳等 26 名同学获二等奖，葛晔恒等 21 名同学获三等奖。我校还荣获“全国十佳校园文学示范校”称号。王岱老师被评为“全国文学社首席指导教师”。

我校在“文心雕龙杯”第 4 届全国新课标写作大赛上再获佳绩，周泽嘉荣获特等奖，王雨娃，刘越、林傲箮、徐一鸣、李昊妍、赵铁楠、李想等7人获一等奖。王岱老师获“全国写作教学名师”称号。我校荣获“全国写作教学优秀团体奖”。

10月21日

我校举行了以“扩大交流，博采众长；深入教研，务求实效”为主题的校庆教研展示周活动。课堂教学集中展示了一年来我校在深化课堂改革方面取得的成果，主要有国际部教师展示课、省级大赛观摩课、我校教师与外校名师“同课异构”特色课及部分青年教师展示课。

10月24日

我校举行艺术节开幕式暨“十月颂歌”合唱比赛，此次合唱比赛正式拉开了学校艺术节的序幕，本届“艺术节”的主题是“艺术校园，多彩生活”，包括“十月颂歌”合唱比赛、爱乐社汇报演出、艺术团室内乐专场音乐会、新年钢琴音乐会、第六届京剧联欢会、新年小品比赛、元旦教职工联欢会等丰富多彩的活动。

清华大学公布了2012年自主招生新政——“新百年领军计划”，我校成为济南市唯一入选的学校。此前，在北京大学公布的2012年“中学校长实名推荐”制名单中，我校获得了2个名额。至此，北京大学、清华大学这两所国内名校给我校投放的推荐名额已达3个，为全省之最。

我校党委书记、校长王品木入选了由《中国教育报》组织的“送教下乡大型公益活动”首批名校长团队。

10月26日

我校分别在本校区和东校区召开了2010级家长委员会常务委员会委员座谈会。

素质教育见成效，高校喜报频传。来各大高校喜报频传我校，祝贺我校2011届毕业生成功考入各高等学府。继复旦大学对我校在2011年高考中有14名优秀学子升入该校的佳绩予以祝贺后，上海交通大学也发来喜报，祝贺我校15名毕业生成为该校2011年新生。近三年来，我校已有41名同学升入上海交大。

南京大学特为我校明扬同学发来喜讯。该同学在南京大学2011

年“基础学科拔尖学生培养实验计划”招生中入选化学方向“拔尖计划班”。在2011年高考中，我校共计有12名同学升入南京大学。

在2011年全国高中学生化学竞赛中，我校王景阳、郭序、付豪、范如本、王仁明、徐子豪、吕浩、唐宇哲、张炳森等9位同学获得山东赛区一等奖，并获得2012年全国重点大学的保送资格。

在全市青年教师中多媒体教育软件竞赛活动中，吴昊、曲希跃、咸海洋作品《简谱运动》获省一等奖；马斯亮作品《政府的职能》获二等奖。

10月27日

中国台湾省成功中学、忠信中学“齐鲁风、两岸情”中华文化研习营师生44人来我校参观访问。

中国教育学会教育管理分会学校后勤管理学术委员会6届4次全体理事会暨2011年学术年会在江西南昌召开，我校副校长张克宏再次当选学会副会长。我校食堂获得“学校食堂先进单位”称号，我校史中惠、张官臣、董钊主任和杜芳华、李林、李德亮老师获得“学校食堂先进工作者”荣誉称号。

在2011年全国创新英语大赛中，我校共有5名学生获全国一等奖，其中高二（14）班曹廷获第3名，高二（3）班李岱璇进入前20强；5名学生获全国二等奖，9名学生获全国三等奖。张秀娥老师获得本年度“特级辅导教师”称号。

根据“北京大学2012年中学校长实名推荐制”、清华大学2012自主选拔“新百年领军计划”和《我校关于北大2012年中学校长实名推荐实施方案》，经学生个人自愿报名，学校推荐工作小组、面试小组根据学生综合素质考核名次和面试成绩确定预推人选，经学校领导小组研究，校长王品木决定，推荐高三28班张悦同学（班主任阮桂平）和高三33班王思聪同学（班主任田延平），为我校“北京大学2012年中学校长实名推荐”候选人。推荐高三24班于超同学（班主任叶玲）为我校清华大学2012自主选拔“新百年领军计划”候选人。

11月3日

法国圣马洛·波利维兰中学代表团一行28人在学校校长的带领下来我校进行了友好交流访问，这是该校第3次访问我校。

11月4日

我校教科研“燎原计划”专题研修正式启动，王品木校长作动员讲话，郑玉香副校长宣读了“燎原计划”方案和一期研修内容及安排。教科室主任王翔宇作了《本土行动与国际视野下的教育新理念》的辅导讲座。

11月6日

我校高三年级全体学生家长会在本校区隆重举行。

在山东省第3届中小学读书系列活动——山东省“爱书人杯”中小学生经典诵读和演讲比赛中，2010级28班张婉迪同学代表济南市参加本项比赛，获得一等奖。崔乐俊老师获得“优秀指导教师奖”。

11月11日

加拿大魁北克造桥项目（building bridge）学生团一行8人在两位项目指导老师的带领下来我校进行交流访问。

12月13日

《山东省未成年人保护条例》主题漫画巡展启动仪式在我校举行。团省委副书记任海涛与山东高速公路股份有限公司总经理王化冰为主题漫画巡展揭幕，并为我校学生代表赠送《山东省未成年人保护条例》单行本及该条例的动漫插画释解图书《洛克和威克》。

11月14日

美国康州布什诺艺术中心执行主任约兰·斯皮尔斯(Mme. Yoland Spears)、康州中美商务中心总裁何宇迅（Mr. Shawn He）来我校交流访问。

何庆利副校长在升旗仪式上作了关于《试行“学生校长助理”工作》的主题演讲，5位学生校长助理登台亮相，学校党委副书记王如恒、副校长何庆利向他们颁发校长助理证，这标志着我校“学生校长助理”工作机制正式启动。

11月15日

我校语文教师王岱荣获“全国教育改革创新优秀教师奖”，并在创新论坛上作典型发言。

我校校长王品木荣获“全国教育改革创新杰出校长奖”，并在创新论坛上作典型发言。

济南广播电台著名主持人张向合应我校雅风社邀请，为同学们举办了一场有关朗诵与主持技巧的专题讲座。

11月19日

我校举办家长学校论坛，邀请中国卓越校长峰会秘书长、广州英豪家庭教育研究所高级讲师赵欣同志来校为全体高一年级家长作专题报告。报告的主题是《将成功传给下一代——当代子女教育的特殊问题及对策》。

我校在本校区召开了高二年级全体学生家长会。

我校举行了“我校家长学校”成立大会，2010级家长委员会常务委员会委员以及全体家长出席会议。

我校民乐节目《十面埋伏》、舞蹈节目《风筝》和声乐节目《南屏晚钟》在济南市第11届“中小学文化艺术节”比赛中获得一等奖，学校荣膺“优秀组织奖”，罗岩老师获得“先进个人”。

我校亓艳青老师荣获第13届全国生物教学年会教学设计评比一等奖。

11月22日

我校第2届读书节暨高二级部教学主题活动“经典诗文朗诵会”在礼堂成功举行。

济南市中小学心理健康教育指导中心工作小组会议在我校召开。

在济南市纬十路小学举行的济南市第8届“暑假读一本好书”活动颁奖仪式上，我校荣获“优秀组织奖”，学校2010级12班张玲瑜同学作为获奖学生代表、语文组郑妍老师作为优秀指导教师代表上台领奖。

11月24日

我校学生党校举办第11期培训班，高三年级280名递交入党申请书的同学参加了本次培训。学校党委书记、校长王品木同志主讲了本期培训的第一节党课《力行坚毅，勇担责任，争做先锋》。

我校在首届全国校园文学成果评比中被评为“全国示范文学校园”，《空间》被评为“全国示范校园文学社社刊”，《空间作文之旅》（《空间》作品集，于2007年正式出版）被评为“全国校园文学教学成果”一等奖。王品木校长被授予“全国示范文学校园”模范校长称号，王岱老师被授予“全国示范文学校园”模范教师称号，李满、刘小敏、李鸿杰等3位老师被评为“全国示范校园文学社社刊”模范指导教师，李英睿同学被评为“全国示范校园文学社社刊”模范主编。曹文辉、陈鑫老师的论文获“全国校园文学教学成果”二等奖。

11月25日

我校隆重举行国际部成立仪式暨中美高中课程展示活动。省教育厅孟庆旭总督学和市教育局胡晓卉副书记共同为我校国际部揭牌。揭牌仪式结束后，我校国际部中美课程实验班开放课堂，提供了4节具有代表性的展示课。我校国际部的主要职能定位于：开发国际课程项目，探索国际教育模式；拓展国际交流空间，丰富校际合作内涵；研究国际语言教学，落实国家汉语推广。国际部的成立体现了我校“为每个学生创造主动发展的无限空间”的办学理念，是我校提升办学内涵、创新育人模式、顺应时代潮流、满足社会需求的一次具有标志性意义的探索。

11月29日

我校读书节系列活动——《千古奇女李清照》主题讲座于实验书苑成功举行，高二语文组李玉娇老师担任主讲。

新加坡淡滨尼初级学院的3位老师和20名同学来我校进行了友好交流访问。

11月30日

我校在实验科苑接待室召开了主题为“坚持以人为本执政为民理念，发扬密切联系群众优良作风”的民主生活会。

12月1日

2011～2012中国高中篮球联赛山东省比赛在我校拉开帷幕。

我校收到南京大学发来的喜报，今年考入南京大学的 2 位实验学子——杨睿智和郭浩同学参加了该校组织的新加坡本科全额奖学金生遴选，双双脱颖而出，并将于近期赴新加坡留学。

12 月 2 日

我校在东校会议室召开全体中层以上干部会议，校长王品木通报了近日召开的领导班子民主生活会的情况，详细传达了市教育局局长陈东生在会上的重要讲话。

我校 2009 级 24 班常恒泰同学在“明天小小科学家”奖励活动中获得三等奖和 1000 元奖学金。

12 月 5 日

我校男子篮球队再夺“中国高中篮球联赛”山东省比赛冠军，这也是我校男篮连续 4 年在该项赛事中夺冠。

12 月 6 日

我校在实验楼 6 楼报告厅举行了主题为“阅读——享受智慧的生活”的演讲比赛。

在第 25 届全国化学奥林匹克竞赛决赛中，我校 2009 级 16 班唐宇哲、13 班徐子豪同学获得全国决赛一等奖，分别现场签约北京大学元培班、北京大学化学院；2009 级 32 班付豪同学获得决赛二等奖，现场签约上海交通大学。

我校国际部中美课程实验班举行了期中评估与总结会。

我校王克芳老师入选济南市第 10 批拔尖人才；高洁老师荣获市“青年技术学术带头人”称号；体育组董建慧老师荣获济南市教学基本功素质大赛一等奖。

全国学联第 25 届委员会第 2 次全体会议在北京召开。作为全国学联委员会单位，我校学生会主席张楠希代表我校出席了本次会议。

12 月 12 日

我校以“成长·奋斗·创业”为主题的报告会在体育馆召开。本报告会面向高一全体学生，由我校 2010 级家长委员会秘书长、山东旗帜软件股份有限公司董事长、“中国青年就业创业行动”创业导师韩烽先生主讲。

我校科技社DI竞赛部2支队伍喜获“DI创新思维”全球总决赛资格。

12月13日

由校政教处组织，学生会文艺部承办的新年钢琴音乐会隆重举行。

12月16日

2011年教育行风民主评议社会监督员座谈会在实验科苑接待室举行。受邀担任我校社会监督员的11位嘉宾和学校领导班子全体成员参加了会议。

我校举行2011级家长委员会成立大会。38位来自各行各业的关心子女成长、热诚于学校教育的家长代表成为了本届委员会的成员。

我校数学组林宝磊老师、语文组刘庆华老师在第6批山东省教学能手评选中，荣获山东省“教学能手”称号。

12月19日

我校第16届“校园迎新小品大赛”决赛于实验楼6楼大礼堂成功举行。

12月20日

我校离退休教师与济南八中的老同志们联合举行了迎新年联欢会。

在实验楼6楼大礼堂举办了本校高一高二辩论赛。同学们才思敏捷，赢得了阵阵掌声与喝彩。

12月26日

学校利用升旗仪式时间举行仪式隆重表彰在学校第2届读书节、行为规范主题教育活动及“仁爱”主题学子“修身”行动中涌现出的先进集体和个人。

12月27日

在全市教育普法依法治理工作会议上，我校被济南市委、市政府授予“全市普法依法治理工作先进集体”荣誉称号，学校党委书记、校长王品木同志在大会上作典型发言。王如恒副书记被济南市委、市政府授予“全市普法依法治理工作先进个人”荣誉称号。学校团委李丽书记被济南市教育局授予“全市‘五五’教育普法依法治理工作先进个人”荣誉称号。

第10届“实验杯”辩论赛东、本两校区决赛在本校6楼大礼堂成功举办，本校代表队捧得“实验杯”。本校的邵瀚达同学成为了本场比赛的“最佳辩手”，东校的王一帆同学获得了“最佳风度辩手”称号。

12月30日

“与港大学长面对面”——香港大学、香港科技大学长经验分享会在实验书苑举行。07级31班张昱旻学长、牟添学长；08级28班王雨前学姐以及08级24班黎晓月学姐应邀参加。

全省未成年人保护委员会全体会议表彰了2011年度全省青少年维权工作标兵和先进个人，我校团委书记张宏刚荣获由山东省人力资源和社会保障厅、共青团山东省委授予的“全省青少年维权工作标兵”称号，并记二等功。

12月31日

我校教职工迎新联欢会，在实验科苑6楼大礼堂成功举行。

我校与山东省京剧院联合举办的第6届京剧联欢会，在学校体育馆举行。

2012年

1月9日

在济南市教育局纪委组织的“廉政教育 FLASH 动画制作比赛”活动中，我校 09 级 31 班巩宁同学制作的《少年，切莫迷途!》获得二等奖，并在济南教育台播出。

1月14日

我校 2011 年度教学年会隆重举行，扬州中学特级教师王雄作了题为《课堂教学：困境与出路——参与式教学的》的报告。

学校领导走访了部分贫困学生家庭，颁发校级励志奖证书及励志奖学金，同时也开启了我校“百名老师进千家”家访活动的序幕。

我校国际部中美高中课程实验班 9 名学生入选参加了由安生文教交流基金会组织的“中美青年大使”项目，前往马里兰州 Bullis School（布里斯中学），进行了为期 2 周的中美青年交流活动。

1月15日

第 14 届全国新概念作文大赛在沪揭晓并颁奖。我校高三 11 班刘晓辰、高三 18 班沈忱同学获一等奖，高三刘心卓、解雨凡，高二李昊妍、张守钰等同学获二等奖，成绩再次列全国榜首。

我校 8 届 8 次教职工代表大会隆重召开，审议并通过了《我校教职工年度考核实施意见》。

我校于召开了高三年级期末家长会。

1月16日

我校领导分校区走访慰问了离退休的老领导和老教师。

我校分校区举行了离退休教工迎新春茶话会。

1月19日

各团支部开展了“新春祝语送恩师活动”。

2月5日

我校在实验科苑6层会议厅召开了全体教职工大会，布置新学期工作。

我校王品木校长收到了一封来自泰安某公司李经理的感谢信，专门表达对我校李辉、侯成刚2位老师拾金不昧、助人为乐，将捡到的钱包及时归还失主的真诚感谢。

我校物理、化学和音乐教研组被济南市教研室授予“2011年度济南市优秀教研组”荣誉称号。

2月7日

我校邵丽云老师当选享受国务院特殊津贴人员，邵老师是我校继张怡明老师后又一位获此殊荣的教师。

我校2010级1班学生郑雯今被牛津大学预录取，成为牛津工程行政管理专业全球录取的12人之一。

我校分年级召开新学期学生动员大会。

2月8日

部分考入清华大学、浙江大学以及北京大学、山东大学、中山大学的学长举办了以分享经验、交流方法为目的的学长报告会。

2月14日

团委在第三科学报告厅召开了学生团干部培训会，对高一、高二年级各班团支书及团总支干事进行了工作培训。

2月17日

我校召开中层以上干部会议，传达贯彻济南市第10次党代会精神。

我校中美高中课程实验班全体师生和家长们汇聚一堂，在4号楼6层报告厅举行了新学期的第1次“家长讲堂”暨学生家长会。

2月21日

我校“实验学子”论坛第99讲成功开讲。本期主题为《相声的前世今生》，主讲人为相声社社长冯硕同学。

2月22日

教育部副部长郝平莅临我校视察工作。郝部长称赞“实验中学有着优良的办学传统和经验，近年来在推行素质教育、培养学生全面发展方面有一套很好的理念和做法，是中学教育的一面旗帜，也是在全国都有很高知名度的学校”。

2月23日

我校学生会纳新大会顺利召开。

2月27日

我校“科技创新教育月”启动仪式在校田径场隆重举行。科技大篷车开进东校校园，科技节正式拉开帷幕。

2月28日

中国创造学会讲师团讲师、山东省青少年科技辅导员协会理事陈明泉老师在我校实验书苑作了一场名为《创新思维及创造发明》的讲座。

2月29日

我校记者团召开全体会议，选举产生第4届学生记者团。2011级25班李天宇当选第4届学生记者团团长；2011级26班孙加裕、37班张佳琪当选副团长。

我校学生参加央视英语风采大赛初赛获得佳绩。

3月5日

在雷锋同志逝世50周年之际，我校启动“学雷锋道德实践活动”。此次活动以“学雷锋，做乐于奉献的人”为活动主题，提出“助人自助，成人悦己”的活动理念。

3月6日

2009级保送生经验交流会成功举办。

我校外语教研组被济南市总工会授予“济南市建功立业先进集体”的荣誉称号。

山东电视台首席主持人曹军先生做客我校，与众多喜爱播音主持的同学们一同感受语言艺术的魅力。

我校在本校区实验科苑接待室召开了2010级和2011级家长委

员会常务委员会联席会。

3月7日

我校宣传工作受到了上级的表彰，被授予“2011 年度教育新闻宣传工作先进单位”荣誉称号，我校范海沛同志被评为“2011 年度教育新闻宣传工作先进个人”。

高二 34 班组织的爱心募捐活动在 1 楼大厅举行。

在教科室的指导下，《高中学长制的理论与实践研究》课题组召开开题研讨会。

3月9日

我校党风廉政、处室工作及安全工作目标责任书签字仪式在东校视频会议室举行。

校务办公会上，我校正式启动了在级部主任以上干部中开展的题为“统一思想，振奋精神，强化作风，切实提高执行力”的教育活动。

3月10日

2010 级 34 班的同学开展了“彩绘阳光，我们与郭店同在”——捐助郭店贫困学生义卖活动。

在全国中学生英语能力竞赛中，我校学生尹童、陈文琦、鲁嘉馨 3 位同学获得全国一等奖，另有 5 名同学获全国二等奖。

校男篮连续 4 年第 3 次打入全国四强主客场总决赛。

我校与团省委、省林业局共建教育实践基地暨“实验林”项目启动仪式在山东省青少年素质教育中心举行。

我校分校区举行全体党员大会，传达党委工作计划，明确部署，凝心聚力。

3月12日

高三年级全体学生于我校实验书苑参加了人生职业规划培训会。北大方正教育心理研究院的周博士为同学们就未来人生规划进行了专业性的辅导。

3月14日

东校高一年级举行了英语对抗赛。

山东师范大学报社社长、总编辑孙景浩教授应邀在我校视频会议室为学生记者团作了一场培训讲座。

《中国教育报》以《学长制带给新生别样启迪》为题对我校学长制工作进行了专题报道。我校学长制以其教育的实效性、参与的多元性、受众的广泛性引起教育界的关注。

3月16日

东校“高一年级成语比赛”决赛在实验书苑举行。比赛分趣味成语、成语典故、成语编故事、成语表演、抢答与听音乐猜成语6个环节。

我校举行青年教师座谈会，参加座谈会的是近两年入校的青年教师和各学科青年教师代表。

3月17日

市心理健康教育指导中心工作小组会议在我校召开。

3月21日

以“济南名士的启示”为主题的实验学子论坛活动于第一多媒体教室举行。担任本次主讲的是2011级30班的彭逸飞同学。

3月22日

我校与济南市教研室联合举办的“优秀教研组、名优教师风采展示系列活动”在实验中学本校区拉开序幕。此次系列活动借助优秀教研组教研成果展示、各学科组课堂教研活动展示、名优教师风采展示等形式，全面展示我校在课堂改革和教师队伍建设方面取得的成绩。

爱乐社成功举办“室内乐专场演出”。

3月23日

在西安举行的“2012RoboCup青少年机器人世界杯”中国区选拔赛中，我校高一24班的陶治中同学获得冠军，并得到在墨西哥举办的RoboCup机器人世界杯大赛的入场券。

3月24日

我校西校区协作建设会议及签约仪式在槐荫区正式举行，济南西城集团董事长王迪生，济南市教育局局长陈东生，槐荫区委副书记、区长国承彦代表三方签约。这标志着我校西校区的正式落户。

3月26日

2011级15班的“地球一小时”宣传活动正式拉开序幕。

第17个中小学生安全教育日，我校进行了2012年度第1次安全疏散演练。

3月28日

我校于2楼多媒体厅成功举行实验论坛系列讲座。自信英语创始人吴峻岭教授担任主讲人。

2010级31班的“下一秒，还你一个最美校园”活动在1楼大厅举行，活动旨在宣传节能环保的精神。

3月29日

中国台湾省台北市立建国中学人文资优班的26名同学及老师、家长代表一行31人来我校交流访问。

3月30日

学校组织师生前往英雄山革命公墓进行清明节扫墓活动。

3月31日

我校第5届科技创新运动会隆重举行，将学校2012年度的“科技创新月”活动推向高潮。

在2012年中国科技大学创新试点班选拔考试中，我校2010级13班郑野、30班栾文浩、35班谢雨佳3名同学在中科大试点班考试中取得优异成绩。

我校2010级7班夏梦婷在第13届“雨花奖”全国中小学生作文大赛脱颖而出，摘得高中组一等奖（全国共5人）。

4月6日

学校第2届“爱心”购物节成功举行，共筹集爱心善款6017.6元，并全部捐赠给泉城义工希望小学。

4月9日

我校第5届科技创新教育月和第13届校园体育节表彰大会在运动场隆重举行。

第7届中国中学生作文大赛于4月6～9日在广州中山大学举

行。我校 2010 级 11 班王乐阳同学获得总成绩第 1 名，并荣获“文学之星”称号。2010 级 8 班的韩润荃同学取得一等奖。

省实验中学的学生走上初中讲坛，他们为即将参加中考的学生进行学习方法、心态调整等方面的经验分享，引起广泛关注。

4月11日

我校邀请济南市立二院的眼科专家在第二多媒体教室举办了一场“爱眼护眼，预防近视”的专家讲座，并对聆听讲座的同学进行了“阳光亮眼操”的培训。

我校在实验楼接待室举行学校关心下一代工作委员会第 3 次会议，学校从离退休老同志中选聘骨干力量担任关工委报告员、辅导员、帮教员、家教员、咨询员。党委书记、校长王品木为关工委“五员”颁发了聘书。

我校汲晓芳、杨彬老师在第 7 届全国基础教育化学新课程实施成果评比及交流活动中获一等奖。

我校在第 27 届省科技创新大赛中创历史佳绩：8 位同学获得一等奖，5 项作品全部入选全国赛，占全省的一半，实现历史性的突破。我校石磊老师获得山东省科技创新教育“春晖奖”第 1 名。

《中国德育》在 2012 年第五期以“学长制：自我教育的秘方”为题对我校学长制实施的缘起、内涵、举措、延伸、成效等方面进行全面报道。这是我校推行学长制以来教育部所属媒体进行的第一次专题报道。

我校东校区餐厅被济南市爱卫会授予“健康示范餐厅”称号。学校同时也被授予“健康促进示范学校”称号。

4月12日

省教育厅中外合作办学项目总结评估座谈会在我校实验楼接待室召开。

中央电视台记者对我校实施素质教育的系列举措和突出成果进行了深度采访报道。期间，我校党委书记、校长王品木接受了专题采访。本次专题采访是中宣部、教育部委托中央电视台在山东省采制的，我校荣列素质教育的代表学校。

4月24日

我校第二外语爱好者联盟在本校区国际部6楼报告厅成功举行“中国法语年”系列活动之“情迷法兰西”文化讲座。由来自2010级2班的栾鸾同学主持演讲。

5月4日

我校举行庆祝中国共青团建团90周年“五月的花海”环保服装设计模特大赛。

5月8日

“唱响青春”校园青歌赛复赛成功举办。

5月10日

济南电视台金牌主持人田一农做客我校实验论坛，为同学们作了《演讲、朗诵与主持》的专题讲座。

5月12日

我校举行校园开放日活动。活动中，创造性地设置了“特级教师权威精讲学科学习策略”环节，安排了部分优秀学生代表担任咨询员和引导员，成为活动的亮点。

5月13日

我校东、本两校区英语口语对抗赛决赛在实验书苑隆重举行。

5月14日

我校举行“5·12防灾减灾”演练活动。

关工委10余名受聘辅导员深入高一各班，参加主题班会，宣讲实验精神。老同志们的到来受到了班主任和同学们的热烈欢迎。

5月15日

教育部基教二司司长郑富芝率普通高中教育专题调研组一行6人来我校进行调研。山东省教育厅副厅长张志勇，济南市教育局局长陈东生、副局长王春光等领导陪同调研。

我校2009级学生曹安琪被美国阿姆赫斯特学院录取，并获得140万人民币全额奖学金。

我校《校园心理》杂志社进行了为期两周的“525心理健康活动周”系列活动。

5月16日

由山东省教育厅与加拿大埃德蒙顿孔子学院合作、实验中学师生参与的“大山之东”庆典活动全球视频会议在我校地理功能教室成功举行。

5月18日

我校国际部副主任宋武栋带领2010级15班吴戈同学和2010级2班王泽宇同学代表实验中学参加“2012先锋中学生国际圆桌会议”。

5月20日

我校参加济南市中学生围棋比赛获团体冠军。

5月21日

我校校友刘畅作为“耶鲁国际大使”来到我校国际部，介绍了耶鲁大学丰富多彩的学习生活，与中美课程实验班的同学们进行了深入的交流。

5月22日

我校国际部专门从上海邀请到指导托福备考专家为中美课程实验班学生进行了专业指导。

5月23日

我校承担的市“十二五”规划课题“高中学生管理的级部制研究与探索”进行开题论证，全体课题组成员参加了开题会议。

5月25日

我校举行青年教师专业发展共同体成立仪式暨胡宏智老师报告会。

我校在济南市校园青春健身操大赛中荣获总分第1的好成绩。

5月28日

我校隆重举行2012届高三毕业典礼，祝贺又一批实验学子圆满完成了高中学业，欢送他们踏上新的人生征程。

我校有2名青年教师在全市第12届“走青春路，做育花人”活动中获奖。王怀方老师荣获一等奖；杨晶老师荣获二等奖。

我校团委被共青团济南市委评为“五四红旗团委”。

实验学子在中央电视台“希望之星”英语风采大赛中再获佳绩，曹原高歌、梁爽、岳小雅、张安迪、黄令众等同学发挥出色，均获得省一等奖。

5月29日

“五月的花海”红五月朗诵会暨我校第3届读书节启动仪式在实验书苑成功举行。

我校学生在全国第6届“校园金话筒”比赛山东省赛区选拔活动中再获佳绩，2人获一等奖。

6月2日

在山东省德育工作评选中，我校被评为山东省中小学德育工作先进集体，崔乐俊老师被评为“山东省中小学德育工作先进工作者”，我校报送的德育工作案例——《学长制——学生自我教育的实践与探索》被评为山东省中小学德育工作优秀案例。

在由山东省教育厅主办的“2012年山东省中小学校园歌手大赛”中，我校参赛节目《蒲公英的梦想》取得全省第1名的好成绩。

6月5日

我校2012“校园歌手大赛”东校区决赛在实验书苑成功举办。

第3届山东省高级中学“校园动漫艺术节”颁奖仪式于6月15日下午在我校本校区隆重举行。

6月18日

第3届校园读书节启动仪式成功举行。

我校结合实际，开展了防震紧急避险演练、消防逃生演练、安全主题班会、安全教育图片展等系列活动，通过演练提高学生应对突发事件的能力，提高师生的安全意识和自救自护能力。

6月19日

我校温学琦老师荣获“济南市青年科技奖”。

6月20日

我校召开了由级部主任和中层以上干部参加的安全工作专题会议，部署期末及暑假期间的安全工作。

我校8人次在全市安全文化书画摄影比赛中获奖。

我校心理健康辅导中心被评为“2011年度济南市未成年人思想道德建设优秀心理健康辅导站”。

我校健美操队荣获全国校园青春健身操总决赛一等奖。

济南市中小学心理健康教育2012上半年工作调度会在我校实验楼接待室召开。

6月24日

我校召开2012年学生社会实践活动基地建设座谈会。

我校2009级14班的18名同学就将卖书所得的1200元交给实验中学爱心社，用于资助母校部分生活困难的同学。

6月26日

清华大学、北京大学、复旦大学、中国科技大学、浙江大学、人民大学等近40所全国知名高校齐聚实验校园，举行了一场专门面向实验学子的招生咨询会。

共青团山东省委副书记陈必昌同志在学校部主任陈丽娟同志的陪同下，来我校开展“走进青年—恳谈日”活动。

我校在全国第7届中国中学生作文大赛中创佳绩，王乐阳同学获全国一等奖和“恒源祥”全国文学之星奖，韩润荃获全国一等奖。

我校党委荣膺“全国创先争优先进基层党组织”称号。

7月1日

中国共产党建党91华诞之际，我校隆重举行庆祝建党91周年大会暨《实验廉政建设》首发式。

我校承担的国家社会科学基金“十一五”规划一般课题《高中通用技术课程实施研究》顺利结题，研究报告获省优秀科技成果一等奖。

7月3日

由中国教育部组织的《人民日报》、新华社、《光明日报》、中央人民广播电台、《中国教育报》、中国教育电视台、中国新闻社等10余家中央新闻单位组成的采访团在教育部基础二司副司长申继亮等教育部领导的带领下来我校进行素质教育集中专题采访。

7月8日

我校在实验科苑6楼会议厅召开教职工大会布置暑期工作。

7月9日

我校召开了“我校中美高中课程研讨会”，总结过去一年工作中取得的经验，探讨工作中发现的问题，并放眼未来发展，进一步推动课程改革。

我校第26次共青团代表大会隆重召开。大会表彰了在学雷锋道德实践活动中表现突出的优秀集体，审议并通过《团委工作报告》，并选举产生新一届学校团委委员。

7月13日

我校继续组织学生开展社会实践活动。主要分为行业体验、志愿服务、校园实践3个系列。行业体验包括银座超市、山东省科技馆、山东省博物馆、山东省图书馆、府学文庙、新华书店、济南市人才交流中心等场所服务；志愿服务主要有泉城义工、社区服务等；校园实践包括清理校园卫生、图书馆开放服务、新生军训服务等活动。

7月14日

我校学生社会实践活动济南市新华书店基地挂牌仪式在泉城路新华书店举行。

7月17日

我校20名学生参加了“齐鲁风、两岸情”优秀中学生中华文化研习营活动。

7月20日

济南市委秘书长杨峰，在市教育局党委书记、局长陈东生等陪同下来我校视察工作。

7月23日

我校3名同学在马宝栋老师带领下，参加了由韩国水原市举办的“亚太水资源论坛会议”。

7月24日

第13届全国中小学生电脑制作活动夏令营在江西南昌举行。我校选手共获得3项全国一等奖、2项全国二等奖、2项全国三等奖，数量居全国前三，成绩创历史最佳。其中，郭东哲、刘子婧、宋若琳、安康等4位同学取得高考保送资格。

7月25日

由香港女教师协会组织的香港教师山东考察团到我校进行参观访问。

7月26日

我校学生参加“2012年全国各民族中学生暑期同心营齐鲁行”活动。

在“文心雕龙杯”第5届全国新课标写作大赛中，2011级37班张维肖荣获“中华校园写作才艺之星”称号，13位同学荣获写作一等奖，我校荣获“全国写作教学示范单位”称号。

8月1日

济南市纪委副书记孙博同志来我校调研指导工作。

8月15日

我校在泰安举行了第8届班主任工作研讨会。本届研讨会的主题是“追寻教育本质，幸福教育人生”。我校特邀全国知名心理健康教育专家杨敏毅老师作了《教师的智慧与真情——做幸福的教师》专题报告。

8月16日

德国巴伐利亚州奥格斯堡市市长库尔特·格里布先生一行在市政府外事办公室主任李敏、副主任刘艳秋的陪同下访问了我校。

我校在第7届全国中小学生创新作文大赛中取得优异成绩，2010级8班王雨娃荣获高中组一等奖；30班鞠琪荣获高中组二等奖。

8月23日

济南市教育局纪委书记陈敏、组织处处长赵辉强及纪委副书记、监察室主任马丽媛代表局党委来我校宣布干部任命决定：任命郑玉香同志为济南中学党委书记，不再担任实验中学副校长；任命韩相河、陆彩霞同志为我校副校长。

8月25日

我校召开了2012年暑期干部读书会，传达贯彻教育系统暑期领导干部会议精神，部署下一阶段学校工作。

8月31日

我校在实验科苑6层会议厅隆重召开全体教职工新学年大会。

9月1日

我校高一新生报到的日子，从高二年级选拔出的学长团以最大的热情欢迎新生的到来。

9月2日

崔剑平烈士牺牲15周年纪念日，我校师生代表聚集在剑平石前，沉痛悼念我们的英雄校友——崔剑平烈士。

在第27届全国青少年科技创新大赛上，我校参赛的4项作品共取得2项全国一等奖、1项全国二等奖和1项全国三等奖，5名同学获得保送资格，成绩在参赛学校中位列榜首。

9月4日

我校2012—2013学年第一学期开学典礼在大操场隆重举行。三个年级的同学以整齐的着装，饱满的精神面貌迎来了新学期。

9月7日

伴随着军训汇报表演的胜利闭幕，我校2012级高一新生入校教育圆满结束。

9月8日

我校成功召开了2012级新生家长会。校党委书记、王品木校长作了题为《构建家校教育合力，促进学生全面发展》的主题报告。

为庆祝第28个教师节，学校工会团委联合举行“我心中的老师”征文活动。

我校获2012年同济大学中学生结构设计邀请赛团体二等奖。

在第29届全国高中物理竞赛复赛中，我校有11名同学获得山东省一等奖，同时获得保送资格，获奖人数接近全省总人数的1/4，再次以绝对优势居全省第一。2010级25班高令宇一举摘得理论成绩全省第一、实验成绩全省第一、总分全省第一3项桂冠，并且顺利入选省队。

我校开展18岁成人节主题教育系列活动，9月24日早上，2010级学生进行了庄严的18岁成人宣誓仪式。

9月10日

我校2012级学生赴位于章丘市的济南市中小学素质教育基地进行了为期一周的社会实践活动。

9月24日

高三各班举行《让青春承载责任与使命》主题班会。

我校国际部“领航计划”在国际园成功举行了第一次讲座，为学生的全面发展提供必要的辅导与咨询。

9月29日

我校成功召开2012年秋季田径运动会。

10月8日

我们2012年“弘扬和培育民族精神月”活动启动仪式在学校操场隆重举行。

在第10届“叶圣陶杯”全国中学生新作文大赛上，我校学生2010级13班的钱坤荣获“全国十佳小作家”提名奖；2011级37班的丁肖瀚荣获特等奖；张天睿获一等奖。我校被评为“全国新课程写作示范校”，“空间”文学社被评为“全国百强文学社”。

在第11届全国创新英语大赛中，韦彦尔、吴越、高子明获全国一等奖，3名学生获全国二等奖，2名学生获全国三等奖。

10月18日

“国培计划”心理健康教育高中教师培训班学员到我校观摩心理健康教育展示课并与我校心理健康教育专职教师交流会谈。

10月20日

我校2011级2班同学在班主任蔺刚老师的带领下来到济南市儿童福利院开展爱心接力活动。这也标志着我校学生赴济南市儿童福利院爱心接力活动进入第19个年头。

10月22日

我校成功举行2012年“学生社团推介日”活动。

我校和山东省教研室联合举办了“山东省中小学校本课程建设与实施研讨会”。我校重点展示了校本课程建设方面取得的成绩。

10月25日

我校举行校园艺术节开幕式暨“喜迎十八大、颂歌献祖国”合唱活动。

我校政治组张延平老师荣获全国优质课一等奖。

我校再次入选清华大学“新百年领军计划,”是济南市唯一入选的学校。

我校王怀方老师荣获济南市“青年岗位操作能手”称号。

卓越教师山东考察团一行20余人到我校进行参观访问。

我校国际部中美课程班的韩青梅、田子君、张艺凡和王子初4位同学在季京仁老师的带领下赴韩国济州岛参加了第3届“国际青年论坛”。

在清华大学举办的物理营活动中，我校高三25班高令宇同学因表现出色被清华大学提前签约录取。在北大举办的针对保送生的物理营活动中，我校高三4班吕骁、17班刘灵聪两位同学同样凭借出色表现被北大提前签约录取。

10月30日

我校“实验访谈——与校长面对面”成功举行。本次访谈由学生记者团陆玉贞同学主持，访谈嘉宾是王品木校长，主题是探讨“学生成长、教师发展、学校提升”的核心问题。此次活动是落实王校长倡导的“对话型教育”理念的具体实践。

10月31日

我校中美课程实验班举行万圣节狂欢派对。

11月1日

德国巴伐利亚州奥格斯堡市霍尔拜因中学师生代表团一行26人来我校进行了为期6天的友好交流访问，这已是该校第5次访问我校。

11月5日

为加强安全教育，提高学生的安全意识，我校在升旗仪式上对同学们进行了消防安全教育。下午，学校组织2012级同学进行了消防疏散演习。

在中国共产党第18次全国代表大会召开前夕，我校隆重举行师生书画摄影展，用文化艺术的形式向十八大献礼。

法国布列塔尼大区圣马洛·波利维兰中学师生代表团一行38人在汉语教师Laurence的带领下，对我校进行了为期3天的友好访问，这是该校第4次访问我校。

11月6日

由济南济南市教育局团委组织的全市中小学生黑板报比赛在济南中学隆重举行。我校代表队以最精美的书写、独到的内容设计赢得本次比赛的最佳书写奖。

11月8日

我校积极组织教职工收看十八大开幕式。

经学校领导小组研究决定，推荐高三23班刘爽同学为我校清华大学2013自主选拔“新百年领军计划”候选人。经学校领导小组研究，校长王品木决定，推荐高三15班方炯升同学和高三25班任昶宇同学为我校北京大学2013年“中学校长实名推荐”候选人。

11月15日

省级文明单位考评小组来我校复查。

11月18日

我校邀请高一学生家长、山东省发明协会陈明泉老师做客家长论坛，为高一全体学生作了《创造与发明》的专题报告。

11月19日

我校利用升旗仪式时间，团委张书记作了《学习十八大精神，自立自强争做有为青年》的动员讲话，号召全体团员青年学习领会十八大精神，下午班团会时间各团支部以灵活多样的形式组织了学习活动。

在学校升旗仪式上，2011级21班王宇佳同学作了主题为《共同创造更加幸福美好的未来》的演讲，向全体师生宣传十八大精神。

11月20日

我校西校区完成拆迁工作，破土动工，西校区的正式开工建设。

11月22日

我校法学社在第二多媒体教室开展了“模拟法庭”活动，这是法学社在“12·4 法制教育月”前夕举行的专题活动，同时也是为了与正在进行的社团纳新活动相配合。学校党委副书记王如恒参加并旁听了整个庭审过程。济南电视台《今晚不关机》栏目进行了现场拍摄。

第 2012 届社团推介活动在我校东校成功展开。

人民教育家论坛——王品木校长办学思想研讨会西安成功举行，王校长对他所提出的“教育是一种对话”的教育思想进行全面解读，受到了与会专家与校长的一致好评。

11月26日

我校召开校务会，组织中层以上干部学习十八大会议精神。

11月28日

为深入学习领会党的十八大精神我校举行学习十八大精神专题报告会，山东省委党校党史部主任章献才教授应邀作了题为《高举旗帜，继往开来，为如期建成全面小康社会而奋斗》的报告。

11月29日

新加坡淡滨尼初级学院师生代表团一行 27 人，在黄耀鸿主任的带领下，对我校进行友好访问，这是该校第 5 次访问我校。

我校在实验楼 2 层多媒体教室举行青年教师专业发展共同体培训活动。教科室王翔宇主任为青年教师作了《教师专业成长的有效路径和方法》主题讲座。

我校 2010 级 8 班郑天泽和 11 班范如本在第 26 届全国化学奥林匹克竞赛决赛中荣获全国一等奖（金牌），成绩分列全省第一、第二名。郑天泽同学现场签约清华大学，范如本同学收到了北京大学的预录通知书。许文老师、王秀忠老师获得“全国化学竞赛决赛优秀教练员”称号。

12月1日

我校校园电视台作品在第 4 届中国校园影视节上获佳绩，3 部作品全部获奖，取得两金一银的好成绩。

在第 6 届全国中小学优秀校内报刊评选活动中，我校参评的《我校校报》荣获全国中小学优秀校内报刊“最佳校报特等奖”，张谊和获编辑一等奖。

12月5日

王品木校长参加东校区“教师义务辅导志愿行动”暨青年教师专题培训活动启动仪式作动员讲话，韩相河副校长就“义务辅导”行动进行了周密安排，全国优质课一等奖获得者张延平、张永花两位老师分别讲了公开课和说课，山东省课程中心专家崔成志老师作了精彩点评。

12月6日

本校区导师制签字仪式暨“教师义务辅导志愿行动”启动仪式在我校实验科苑科学报告厅隆重举行。

12月7日

我校迎接市纪委关于“权力阳光运行流程”的专项调研。

12月10日

我校启动了冬季阳光体育长跑活动。

我校第3届读书节系列活动——“唐诗背诵大比拼”“攻克文言文”“如何读中国诗”专题讲座先后举行。

12月11日

加拿大埃德蒙顿孔子学院一行4人在院长李伟博士的带领下访问我校。

12月13日

我校与加拿大埃德蒙顿罗斯高中师生在四号教学楼进行座谈活动。

12月15日

我校第28届学代会在实验科苑6层多媒体教室隆重召开。学生会主席李育哲代表第27届学生会作工作报告，并选举产生28届学生会成员。

2012～2013年度DI全球赛中国区决赛于12月7日～9日在山东枣庄举办，我校DI社团获DI全球总决赛参赛资格。

我校2011级20班同学张某，因动手术需在家休养，无法到校上课，许晓霞、周秀玲、陆怡、刘阳、王艳玲5位老师主动承担了义务辅导的工作，每周定期到小张同学家中为她进行课业辅导，令学生和家长感动不已。

12月17日

市中级人民法院的法官来我校作法制教育报告会。高一、高二全体师生共同聆听了这场讲座。

12月20日

我校高一年级主题教学活动—“燃亮韶华”新诗朗诵大赛在实验科苑6层会议厅拉开帷幕。

12月22日

我校举行2012级家长委员会成立大会。78名位来自各行各业的关心子女成长、热诚于学校教育的家长代表成为了本届委员会的成员。

12月24日

广州市花都区教育局系统干部考察团一行37人，在区教育局党委书记、局长王良平带领下来我校参观考察。

12月25日

我校第13届新年钢琴音乐会在实验科苑大礼堂举行，为同学们送去了一场听觉盛宴。

我校2010级15班刘畅同学荣获山东省首个全国“明天小小科学家”一等奖。

12月27日

我校举行学生党校第12期培训班，高三年级310名递交入党申请书的同学参加了本次培训。学校党委书记、校长王品木同志主讲了本期培训的第一节党课《学习十八大精神，争做全面发展先锋》。

12月28日

在“济南市中小学德育暨未成年人思想道德建设工作会议”上，我校德育工作受到省市表彰。我校荣获教育厅表彰的“山东省中小学德育工作先进单位”，崔乐俊同志荣获“山东省中小学德育工作先进工作者”，钟红军同志荣获“济南市德育工作先进个人”，高翠玉、郭红星同志荣获“济南市优秀班主任”荣誉称号。

我校心理专职教师温学琦老师被聘为山东师范大学应用心理专业硕士研究生校外导师。

12月29日

我校第17届迎新小品大赛成功举办。

12月30日

我校新年民族音乐会在东校区礼堂隆重举行。

学校党委书记、校长王品木、副校长陆彩霞等学校领导和部分处室负责人、各级部主任到各办公室看望老师们，带去了学校的新年问候。

2013年

1月5日

我校高三级部举行第2次教学工作会议。

1月6日

我校读书节主题活动，第11届“实验杯”辩论赛两校区决赛在东校礼堂成功举行。

1月8日

济南大学教育与心理学院副院长王本法教授一行4人来我校走访。

1月9日

我校被山东省总工会授予“2009—2011年度山东省职工代表大会优秀星单位”荣誉称号。

1月16日

我校数学组杨芳和语文组陈鑫老师在全市“中小学青年教师教学技能（板书设计）竞赛”分获一、二等奖。

1月17日

中科院院士、南方科技大学唐叔贤教授来到我校作有关科技创新的科普报告。

1月22日

我校教师张延平、陈琳、徐颖、翟媛媛、郭霞等5位老师均荣获山东省优质课一等奖。

东校区“十佳实验楷模”评选揭晓，徐妙妍、戈文等20余名同学分别被评为年级“十佳实验楷模”。

1月25日

我校民盟、民进和民革3个党派的成员参加了民主党派迎新春座谈会。

1月28日

我校在第2届全国校园文学成果比赛中获佳绩。

2月1日

由教育部和厦门市人民政府共同主办的全国第4届中小学生艺术展演活动在厦门举行，我校2011级27班孙朴同学的书法作品荣获一等奖。

我校分别在两个校区举行获得2012年度励志奖的学生座谈会。

2月2日

我校领导走访慰问两校区所有的离退休老同志。

我校举行2012年度教学年会。

2月4日

我校有3人在“作家杯”第15届全国新概念作文大赛中获得了一等奖，1人获得了二等奖，成绩再次名列全国首位。

我校在2012年全国中学生英语能力竞赛中取得佳绩。10名同学分获全国一、二等奖。

2月25日

我校举行新学期开学典礼。

3月4日

我校隆重举行“寻找身边的楷模”活动总结表彰暨“学雷锋”道德实践活动启动仪式。

3月5日

我校召开了党员领导干部民主生活会。

3月8日

我校在东校会议室举行了党风廉政、处室工作及安全工作目标责任书签字仪式。

3月13日

在由我校、海尔集团等几家单位联合举办的“放飞梦想共铸希望”捐助活动中我校师生共捐助爱心图书1000余本。

3月15日

我校官方微博正式开通。

3月19日

我校数学组被济南市妇联授予“巾帼文明岗”荣誉称号。

以“中国古代小说的发展脉络历程”为题的讲座在1楼多媒体教室举行。本次讲座由高二语文组谢贵坤老师主讲，意在让同学们了解中国古代小说的发展历程。

我校被授予“2012年度党风廉政建设工作先进单位”和“济南市教育系统廉政文化建设示范点”称号。

我校荣获“2012年度工作先进单位”称号。

我校被授予“2012年度济南市教育系统家长满意学校”称号。

3月23日

应济南市教育局团委“学雷锋道德实践活动”的号召，由我校2011级36班和29班主办的爱心图书义卖活动在泉城广场举行，来自高一各班的志愿者也积极参与了此次活动。

3月24日

我校学生在2013年RoboCup青少年机器人世界杯中国赛中再夺冠军。

被誉为“全美最佳教师”的雷夫老师应邀来到我校，参加“教育星空”教师成长分享会特别活动。

3月25日

我校荣获2012年全市中小学生安全知识网络竞赛学校组织奖。

3月27日

广东省中小学“百千万人才培养工程”名师班来我校考察。

4月1日

启德教育总经理，曾就读于哈佛的旅美学者张杨于礼堂为高一同学作了一场催人奋进的励志演讲，精彩的演讲让所有的参与者受益匪浅。

4月3日

我校教师季京仁、马宝栋荣获第二届高中英语教师口语大赛一等奖。

4月4日

以“分享成功学习生活经验，助力学弟学妹成长”为主题的第二届“感恩母校初中行”活动成功举办，报告团同学走进舜耕中学、燕山中学、三十四中、历元中学等初中学校，为初中学子作了精彩的演讲报告。

4 月 12 日

我校被济南市社会管理综合治理委员会和济南市公安局授予“平安单位”称号。

我校参加第 28 届山东省科技创新大赛决赛的 7 位同学全部获得一等奖，4 项作品入选全国赛。

4 月 17 日

我校被授予“2012 年度教育新闻宣传工作先进单位”荣誉称号。

4 月 18 日

我校召开了 2011 级和 2012 级家长委员会常委座谈会。

4 月 20 日

我校代表队参加了 2013 年“中国体彩杯”济南市中小学生乒乓球联赛，包揽男团、女团、男单和女单的冠军。

4 月 22 日

我校学生社团爱心社成员代表到山东省红十字会为雅安地震灾区捐款 2 万元。

“南京航空航天大学优秀生源基地”挂牌仪式在我校举行。

4 月 26 日

我校开展高三年级心理与学法指导活动。

在济南市中小学行为规范建设现场会上，我校被评为首批行为规范示范校。

4 月 27 日

我校数学教研组被授予济南市“十佳先模创新示范岗”“工人先锋号”称号。

在山东省中小学德育暨心理健康教育工作会议上，我校被表彰授予“山东省中小学心理健康教育示范学校”。

5 月 3 日

我校进行师生紧急疏散演练。

5月6日

我校启动“中国梦，我的梦”主题教育活动。

5月7日

我校举办“情系雅安——爱心义卖”活动，所得善款将全部捐给雅安地震灾区，共募集善款5600余元。

5月9日

加拿大埃德蒙顿孔子学院校长代表团访问我校。

5月10日

我校招生计划出台，共计招生2960人，东校、西校、本校统一招生、统一录取。西校区实现首次招生，标志着学校“一体两翼”办学格局的形成。

5月13日

“中国梦”红五月朗诵会在东校礼堂成功举办。红五月朗诵会已经成功举办了4届，每一届都有不同的主题。今年是第5届，主题为“中国梦”。

5月17日

我校《家庭教育论坛》第3期成功结集。

“我的青春我的梦想”第6届服装设计暨模特大赛成功举办。

同济大学数学系教授、该校最年轻的博士生导师殷俊锋教授为我校高二年级学生作了一场题为“走在科学与艺术之间”的学术报告。

5月19日

本校区召开了高一、高二年级创新家长会，展示德育新面貌。

我校被省纪委、省委组织部、省委宣传部等联合授予“山东省校务公开民主管理先进单位”荣誉称号。

5月20日

我校第6届科技创新教育活动和第14届校园体育节表彰大会隆重举行。

5月23日

我校获得济南市中学生田径运动会高水平组第一名，这也是该项赛事的44个冠军。

5月24日

由我校高二语文组主办的第3届读书节系列活动暨语文主题教学活动“唐风宋韵”美读欣赏会在礼堂成功举行。

5月29日

我校辩论社“稷下”系列活动“我们爱地球——畜牧业对环境的影响”于第一多媒体教室展开。

5月31日

第4届“5·25我爱我”心理健康活动周举办。活动内容包括心理游戏活动、心理教育知识展板、专家报告等形式。

6月2日

在我校东校实验书苑，模拟联合国社团校内会成功举办。会议主题为“关于北极的开发与利用”。本次会议有来自我校、山师附中、济南一中、潍坊一中的同学参加。

6月3日

我校举行2013届高三年级毕业典礼。

6月7日

《齐鲁晚报》编辑特邀我校5位高二年级的同学就今年的高考作文题进行写作并将其作品刊登于《青未了》专版上。

一场炫目的视觉盛宴、一次精彩的舞蹈表演，我校东校舞韵社“致青春”专场演出在东校礼堂举办。

6月8日

在东校礼堂，爱乐社团专场演出隆重举行。每一年都有爱乐社团的专场演出，今年的主题是“the dream”。

我校2012级29班举行了以“我知父母心，感恩在行动”为主题的道德讲堂活动。

5月9日

我校第14届校园体育节启动以来，历时近一个月的体育节在班级特色展示中落下帷幕。本次体育节分团体比赛、个人比赛、友谊比赛3个类别，有体质测试、拔河、跳绳、踢毽子、排球、篮球、足球、太极拳、广播操、校园吉尼斯、班级特色健身项目等29个项目的比赛，内容之丰富、学生参与度之高、覆盖面之广、特色展示之精彩，都创造了历年之最。

6月14日

我校第8届东本英语对抗赛于东校礼堂成功举行。

6月16日

由2012级30班的于志成同学主讲的《新行为主义理论与应用心理》在第二多媒体室开讲。

6月17日

我校“文明泉城我先行”志愿服务活动启动仪式举行。

我校邀请山东省未成年犯管教所政治教导员王金升同志为全体高一学生做法制教育报告。

6月24日

我校中美课程实验班举行了一场微积分课程数学项目创意大赛。

东校区启动了“文明泉城我先行”志愿服务活动，何庆利副校长要求全校师生以主人翁姿态积极投入到创建国家级文明城市行动之中，发扬“务实求实，勇于探索，登攀不止，敢为人先”的实验精神，为全体市民和广大中小学生作出表率。

6月28日

2013年全国新闻作品大赛中，我校环境小记者项目3件作品获得一等奖，5件作品获得二等奖。

7月1日

东校区张维肖同学在第11届“叶圣陶杯”新作文大赛北京决赛中，以总分第一的出色成绩被大赛组委会评为“全国十佳小作家”冠军（高于大赛特等奖）。

我校22名学生党员参加入党宣誓仪式。

我校第4届校园“读书节”启动仪式隆重举行。

7月6日

我校举行校园开放日活动。

7月8日

“泉城因你而美丽，十艺有你更精彩”济南市情系农民工系列文艺演出季在我校西校区举行。

山东大学哲学与社会发展学院教授、博士生导师何中华做客我校实验论坛，作了题为“解读中国梦”的主题报告。

7月10日

我校组织2012级学生开展了暑期社会实践活动。

7月31日

学校领导班子召开扩大会议，学习贯彻市教育局组织召开的党的群众路线教育实践活动动员大会精神。

8月16日

我校男子篮球队再夺“山东省中学生体育联赛”高中组冠军。

8月18日

在泉水节咏泉诗歌大赛中，我校高二学生夺魁。

8月19日

我校教师2013年暑期远程研修活动正式拉开帷幕，397名教师开始进行培训学习。

8月24日

我校19名学生志愿者来到黑虎泉和济南西客站开展“文明泉城我先行”济南首届“泉水节”的宣传活动。

8月29日

2013年暑期全市教育科研工作研讨会在我校国际部礼堂召开。

8月30日

我校在本校区实验科苑6层会议厅隆重召开全体教职工新学年大会。

从高二年级选拔出的80多名学长团成员迎接高一新生报到。

8月31日

我校在学校操场隆重举行了2013级新生军训开营仪式。

9月2日

我校师生代表聚集在剑平石前，纪念我们的英雄校友崔剑平烈士。

2013年济南市教育系统群众性教学技能竞赛中，我校教师获市中小学教师教学软件制作特等奖。

9月3日

我校西校区隆重举行2013级新生军训开训典礼，校长王品木、副校长何庆利等出席。

济南市教育局副局长、校党委书记、校长王品木同志为西校区高一新生作了一场题名为《把握个人命运，创造学校历史》的精彩报告会。

9月4日

第5届学长报告会在礼堂隆重举行。本次学长报告会由团总支组织部部长孔慧泽、学习优胜奖获得者朱家伟、记者团团长李上达、模拟联合国社团秘书长王孜浩然、学生会副主席戈文以及团总支部副书记于洪远6位同学组成了阵容强大的学长报告团。

9月6日

我校2013级军训结训式在学校操场隆重举行。2013级新生进行了分列式展示和军训科目汇报表演。

9月7日

新东方总裁俞敏洪来西校为学生作了《相信未来》的主题演讲。

9月10日

我校西校区隆重举行开学典礼，济南市教育局党委书记、局长陈东生同志发表了讲话，济南市教育局副局长、我校党委书记、校长王品木发表致辞。

9月11日

我校在本校区会议厅隆重召开党的群众路线教育实践活动动员大会。

9月12日

市总工会领导来我校慰问全国劳模胡宏智老师。

9月15日

我校获2013年同济大学中学生结构设计邀请赛团体一等奖。

9月16日

东校举行主题为“弘扬民族精神、传承中华民美德，深入开展三爱三节活动”的升旗仪式。

9 月 17 日

西校区师生举行第 1 次教学楼安全疏散演练，济南市教育局副局长、我校党委书记、校长王品木任总指挥，由学校各部门、各级部负责人具体实施，班主任及任课教师全体参与。

济南市教研室各学科教研员在教育局副局长刘堃、教研室主任方辉的带领下，来到我校西校区听课调研。

9 月 23 日

济南市中小学国防教育巡回报告会首场报告在我校成功举办。

9 月 24 日

我校开展了高三年级 18 岁成人宣誓仪式，召开《让青春承载责任与使命》主题班会等成人节系列活动。

9 月 26 日

我校西校区建设工程总结会在艺术楼阶梯教室举行。济南西城集团董事长王迪生；市教育局局长陈东生；槐荫区委副书记、区长国承彦；市教育局副局长、我校党委书记、校长王品木等出席会议。

9 月 27 日

我校党委组织全体教职工党员开展党的群众路线教育实践活动第一次集中学习。

“汉语桥——英国中小学校长访华之旅”代表团访问我校。

“鲁能乒乓进校园”公益活动在我校举行。

9 月 28 日

我校高一 44 班，荣获济南市高一军训展演一等奖。

9 月 29 日

我校分校区举办 2013 年秋季田径运动会。

10 月 10 日

我校党委践行群众路线，广泛征求各方面对学校领导班子和党员领导干部的意见和建议。

10 月 15 日

我校举行“传承实验精神，铸就实验品质”校庆主题教育活动，济南市教育局副局长、我校党委书记、校长王品木发表了校庆主题讲话。

10月17日

我校举办“庆国庆、迎校庆、十艺济南、和美实验”教职工摄影书画作品展。

东校区高一级部“中国梦·我的梦”合唱比赛在礼堂成功举行。副校长何庆利及部分处室领导出席了本次活动。西校区迎来了“流动影院进校园”活动。同学们纷纷在课余时间体验5D电影短片带来的震撼。

10月18日

我校网络班主任工作室开通，工作室开设“他山之石”“话题论坛”“案例集锦”“活动掠影”等4个栏目，在“理论学习、话题交流、案例研究、活动展示”等方面为班主任提供服务。10月14日，我校在升旗仪式上举行校庆主题活动。

我校“课堂教学优化工程”中期研讨暨校庆教研展示周活动成功举办。

10月21日

我校召开专题党委会研究教育实践活动整改措施。

我校举行艺术节开幕式暨“十月颂歌”合唱比赛。

10月22日

东校区开展了青年教师拜师仪式。市教育局副局长，省实验中学党委书记、校长王品木；副校长何庆利；副校长韩相河等校领导参加了本次活动。西校区特级教师杨育红作了题为《在幸福中“教好”，在快乐中“学好”》的报告。

10月23日

在“2013年山东省学生健康活力大赛”中，我校健美操队再获佳绩。

10月28日

来自中国科技大学的“两弹一星”专家黄吉虎教授为我校学子作了一场题为《中国的航天》的精彩报告。

10 月 29 日

台湾成功高中师生一行 20 人来到我校访问，与实验的师生们一起开展了“关于高中语言教学研究”的交流活动。

我校中美课程班高二年级学生聆听外教 Katie 老师的“Pilot Project”（领航计划）讲座之二。

11 月 1 日

西校区召开首次家长会，市教育局副局长、我校党委书记、校长王品木作了题为《家校携手合作，共促学生发展》的报告。

11 月 2 日

我校 12 名 2012 级学生参加山东省“中学生科技创新后备人才培养计划拜师会”和“第一次师生见面会”。

第 3 届“全国校园文学研究高峰论坛”中我校获得了“全国示范文学校园”奖，多位老师同学获奖。

11 月 3 日

在“中国体育彩票杯”济南市中小学生网球比赛中，我校取得男子、女子高中组 2 个单打冠军。

11 月 4 日

11 月 9 日全国消防日，今年的主题为“认识火灾 · 学会逃生”。为了进一步增强师生的防火意识，提高防火自救的能力，东校安全保卫科举行师生消防安全培训与灭火演练。

第 19 届全国青少年信息学奥林匹克联赛（山东赛区），经过 10 月 13 日的初赛和 11 月 9 日、10 日的复赛圆满落下帷幕。我校高一 45 班张中一同学参加了此次比赛，获二等奖。

11 月 8 日

我校在本校区召开了 2012 级家长委员会常委座谈会。

11 月 11 日

我校与济阳县济阳街道朝阳居民委员会开展共建。

11 月 15 日

我校召开中层以上干部和级部主任会议学习十八届三中全会精神。

11月17日

为弘扬青春正能量，加强学生传统美德教育，东校组织各班学生在教室收看《寻找最美孝心少年颁奖晚会》。

11月18日

东校区升旗仪式上举行了“青春正能量”主题教育活动和“创建行为规范示范校”活动启动仪式。

11月19日

博士生导师王志明教授来我校作科普报告。

11月21日

我校组织离退休教工百余人前往西部城区参观新落成的西校区和“一院三馆”。

11月25日

东校的升旗仪式上，范子豪等8名同学被学校聘为本学年度“学生校长助理”。市教育局副局长、学校党委书记、校长王品木同志向8位“学生校长助理”颁发聘书。政教处主任助理王飞同志宣读《我校“学生校长助理”实施方案》。

高二各班学长团走进高一对口班级，召开“手拉手，一帮一”学习经验交流班会，就单科学习、时间安排、学习方法、期中总结、心态调整等方面，为高一学弟、学妹作了详尽的讲解。

11月26日

东校在第二多媒体教室举行了德育骨干培训的汇报会。高一26班班主任杨翠华老师和政教处王长江主任分别作了《有声有色工作，有滋有味生活》和《让阳光普照每个孩子的心灵》的主题汇报。

11月28日

山东省实验学校东校社团推介活动隆重举行。

12月1日

西校区举行首届学生代表大会。党委副书记张克宏，副校长陆彩霞，校长助理钟红军、张忠军，教导处主任马宗民出席了本次会议。

12月2日

本校区升旗仪式上，毕经天等8名同学被学校聘为本学年度

“学生校长助理”。

东校区高一级部导师制签字仪式暨教师义务辅导启动仪式在报告厅举行，市教育局副局长、学校党委书记、校长王品木作了动员讲话。

2012级29班学生在东校录播室举行了以“出则悌”为主题的道德讲堂活动。团支部书记于小溪、张明轩主持宣讲，团委副书记牛文恺同志参加本次活动。

12月5日

为激发青春正能量，引领文明新风尚，真正营造“处处都是正能量”“人人传递正能量”的校园氛围，东校团委发起了“寻找身边正能量”故事征集活动。

12月6日

我校DI社团参加了在北京举办的亚太区DI总决赛并取得佳绩。

12月9日

西校区第1次团员代表大会在艺术楼第一阶梯教室召开。

12月10日

我校特邀教育行风监督员莅临学校调研指导工作。

12月16日

我校本校区2013级导师制签字仪式暨“教师义务辅导志愿行动”启动仪式隆重举行。

我校王俊鹏获第13届“明天小小科学家”活动全省唯一一等奖。

12月19日

我校孙啸鹏、黄令众同学荣获第27届亨斯曼世界中老年运动会优秀志愿者金牌。

12月23日

山东省地震局宣传教育中心主任陈时军为我校师生作了以《普及地震知识》为主题的报告。

12月30日

我校东校区隆重举办2014年迎新小品大赛，师生共同迎接新年到来。

2014年

1月1日

由我校100名学生组成队列在政教处副主任张志永、高一级部副主任梁光胜的带领下，代表全市教育系统参加了济南市2014年元旦健身长跑活动。

1月2日

韩国大永高中师生代表团一行12人在学校汉语教师崔慧映和地球科学教师高裕珍的带领下来我校进行了友好访问活动。

1月3日

我校学生党校第13期培训班拉开了序幕，高三年级195名递交入党申请书的同学参加了本次培训。

1月7日

济南市教育局党委教育实践活动第二督导组参加西校区教育实践活动专题民主生活会。督导组组长、市教育局党委副书记王春光，第二督导组成员市教育局团委书记、基教处副处长尹梅青，学前教育处处长王华全程参加了会议。市教育局副局长，实验中学党委书记、校长王品木主持了会议。

1月9日

东校区“迎新春联欢会”在学校礼堂成功举办。学校特邀高一家长委员会的五位常委观摩演出，副校长何庆利等领导陪同观看，领导们与同学一起喜迎新春。

1月12日

我校在6楼会议厅举行第7届“十佳青年教师”评选启动仪式。市教育局副局长、学校党委书记、校长王品木，党委副书记张克宏，副校长何庆利、韩相河、陆彩霞以及校长助理刘允峰、钟红军、王翔宇出席了启动仪式。

1 月 19 日

我校在实验科苑接待室召开了本校区 2013 级家长委员会全委会。座谈会由政教处主任李丽主持，政教处副主任张志永、2013 级家委会全体委员参加了会议。

1 月 20 日

中国发明协会委员、济南市青少年科技创新辅导协会理事陈明泉老师作客我校东校。与高一同学一起讨论创新、探索创新、归纳创新，共话青少年科技创新问题。论坛由高一级部副主任谭静老师主持，何庆利副校长也亲自到场参与讲座。

1 月 21 日

我校在实验楼接待室举行获得“2013 年度励志奖”的学生座谈会，济南市教育局副局长、学校党委书记、校长王品木同志，副校长韩相河等学校领导出席座谈会并与学生亲切交谈。

1 月 23 日

我校 2013 年度教学年会在实验科苑 6 层会议厅隆重举行。济南市教育局副局长、学校党委书记、校长王品木；党委副书记张克宏；副校长何庆利、韩相河、陆彩霞以及全体中层以上干部和任课教师参加了会议。会议由教导处主任刘庆华、林宝磊主持。

1 月 24 日

我校 9 届 1 次教职工代表大会隆重召开。会议审议了市教育局副局长、学校党委书记、校长王品木所作的校务工作报告，选举产生了新一届工会委员会委员。

在本校政教处主任李丽的带领下，政教处副主任张志永、班主任代表辛丽、杨晓蓉一行走访慰问了部分贫困学生家庭，为他们颁发学校励志奖学金，将学校的温暖和问候送到贫困学生的家中，并鼓励同学们乐观面对生活的挑战，励志笃行，在逆境中成长成才。

1 月 26 日

我校党委副书记张克宏与工会主席张谊和、东校办公室主任王昌海及部分教职工到济阳朝阳居委会，开展特殊群体人员帮扶走访慰问与文化下乡活动。

2月5日

我校在实验科苑6层会议厅举行全体教职工大会，传达年度工作计划，迎接新学期的到来。会上，市教育局副局长、学校党委书记、校长王品木向与会教职工传达了《我校2014年工作要点》。

2月15日

为更好地落实学校的各项要求，使同学们以饱满的热情、端正的心态投入新的学习生活，我校分级部召开了新学期动员大会。

2月16日

举办的结对联谊活动现场，我校向王圈中心小学捐赠了名家励志书法作品以及图书，城乡师生手挽手、心贴心，互换爱心联络卡，面对面交流，载歌载舞演出文艺节目，学习体验中国传统文化、公共礼仪、文明交通等，心灵相通，暖意融融。

东校团委组织学生观看《感动中国2013年度人物颁奖盛典》。

2月17日

济南市教育局副局长、我校党委书记、校长王品木参加西校区2013～2014学年第二学期开学典礼并发表新学期致辞。学校表彰了2013～2014学年第一学期的先进集体、先进个人和“责任之星”“实验之星”奖章获得者。

3月3日

我校举行升旗仪式，隆重表彰“实验学子楷模”并启动“践行雷锋精神，共创文明家园”主题教育活动。2011级31班杨子昊同学发表主题演讲，团委副书记牛文恺宣读表彰决定并作动员讲话。

在毛泽东同志题词“向雷锋同志学习”51周年之际，本校区隆重举行“寻找身边的楷模”活动总结表彰暨“践行雷锋精神，共创文明家园”主题教育活动启动仪式。

3月5日

济南市志愿者行动20周年表彰大会在龙奥大厦举行，我校学生社团爱心社荣获济南市志愿者行动20周年先进集体荣誉称号，是全市唯一受表彰的中学集体。

3月6日

济南市教育局党委对实验中学领导班子进行调整。刘允锋同志任我校副校长（副处级，试用期一年）；张忠军、钟红军同志任济南西城实验中学副校长（副处级，试用期一年）；王品木同志不再兼任我校校长职务（由副校长韩相河主持学校行政工作）。以上同志任免职务时间自2014年3月3日市教育局党委决定之日起计算。

第12届“实验杯”辩论赛东本两校区决赛在西校区隆重举行，这是东本西三校区第一次联合举行活动。这次活动充分展现了东、本、西3校区优秀的学子风采与比赛精神，展示了我校的整体风貌，是一体两翼布局的进一步实现的重要体现。

3月7日

我校举行了廉政建设、处室工作及安全工作目标责任书签字仪式。副校级领导分别与市教育局副局长、校党委书记王品木在党风廉政建设责任书上郑重签字，3个校区的教导处、政教处、总务处、工会、团委、教科室和安全保卫科负责人分别与副校长韩相河在处室工作目标责任书和安全工作管理责任书上签字。

3月8日

在国有北郊林场举行了“实验学子林”启动仪式，此项活动得到济南市有关部门的大力支持，市林业局副局长郑兆亮、天桥区农发局副局长李增峰、国有北郊林场场长刘春光专程到现场出席启动仪式。

3月10日

我校第7届“科技创新教育月”活动启动仪式在校田径场隆重举行。启动仪式上，政教处副主任张志永宣读了我校第7届“科技创新教育月”活动方案。

3月11日

济南市教育局召开了2014年度教育工作暨党风廉政建设工作会议。会上，我校廉政建设受到了济南市教育局党委的表彰，学校被授予“2013年度党风廉政建设工作先进单位”荣誉称号。

3月17日

我校正式发起“远离雾霾，绿色出行”环保活动，老师和同学们纷纷在承诺书上庄严签名，承诺“低碳出行，保护环境”，为泉城的蓝天白云早日回归贡献自己的微薄之力。

2014年山东省青少年科普报告百校行走进实验，科技部、中国科协特聘创新方法专家、山东建筑大学TRIZ研究所所长张明勤教授，与高一学生深入交流，共同探讨创新与发展。

为了加强我校团委与高校团委之间的交流合作，根据团省委的统一安排，我校与山东师范大学化工学院团总支联合举办了交流会，彼此学习交流工作经验，加深了解，增进友谊，共同进步。

3月18日

中科院老科学家报告团成员、中国地震局研究员徐德诗教授，为我校同学们作了《不畏天灾，科学应对》主题报告。

3月19日

2014年济南市教育系统宣传法制工作会议隆重举行，我校获颁多项奖项。学校被授予“2013年度教育新闻宣传工作先进集体”和“济南教育十佳微博”称号，蔺刚被评为“济南教育微博工作先进个人”，丁磊被评为“教育新闻宣传工作先进个人”。

3月20日

为贯彻落实济南市教育局、莱芜教育局《关于加强交流合作共同推进济莱协作区建设的合作协议》，促进我校与莱芜一中教育合作交流、共同提升。经过友好协商，两校在我校实验楼接待室正式签署协议，建立发展联盟。两校校级领导、中层以上干部见证了这一历史性时刻。

3月22日

2014年“中国体彩杯”济南市中小学生乒乓球联赛在济南市皇亭体校举行，我校派出了10名队员组成的代表队参加了本次比赛。在校领导的大力支持下，经过前期的积极备战和刻苦训练，最终包揽了该项赛事的男团、女团、男单和女单4个项目的冠军。

3月25日

2014年济南市语言文字工作会议在济南第六职业中专隆重举行，

我校获颁多项奖项。我校在济南市文明办、济南市语委办组织的“传承文明，共筑梦想”经典诵读活动中被授予优秀组织奖。

3月26日

我校东校第15届体育节在东校操场正式拉开帷幕。本届体育节由政教处、体育组及校学生会体育部联合承办。

3月27日

我校高三级部负责人、部分骨干教师及备课组长赴济莱协作区我校联盟学校——莱芜一中开展研训联动。本次研训活动由副校长韩相河带队，受到了莱芜一中党委书记、校长陈传军等学校领导的热情欢迎。

3月28日

济南市教育局副局长、学校党委书记王品木观摩了东校区第7届科技运动会，并接受了学生记者的采访。

3月31日

我校迎来了第19个全国中小学生安全教育日。学校围绕“强化安全意识，提升安全素养”这一主题，组织开展了国旗下演讲、安全主题班会展示课、安全疏散逃生演练、安全教育知识问卷调查等系列活动。

4月1日

我校组织部分高一学生前往英雄山革命公墓进行清明节祭扫活动。各班班主任老师及部分学校领导也一同参加。

我校在本校区会议厅隆重召开党的群众路线教育实践活动总结大会。会议由学校党委副书记张克宏主持，市教育局副局长、校党委书记王品木进行活动总结，市教育局教育实践活动第二督导组成员，学校党员教职工、家长代表以及学生代表参加了会议。

4月2日

我校迎来了第19个全国中小学生安全教育日。东校组织开展了逃生演练、国旗下演讲、消防安全培训与灭火演练、安全教育知识问卷调查、安全教育主题班会等系列活动。

4月13日

2013级家长学校论坛在东校礼堂召开。本次论坛由副校长何庆利主持，2013级家长委员会常委、山东大学心理学副教授、硕士生导师、山大心理健康教育与咨询中心副主任、中国EAP服务中心特聘心理专家李娟博士向与会家长作了题为“放手去飞，用心去爱”的报告。

4月24日

在2014年济南市庆祝“五一”国际劳动节暨五一劳动奖状（章）工人先锋号命名表彰大会上，我校被评为济南市“厂（校）务公开民主管理先进单位”。

4月25日

济南市中学生田径运动会在济南市体育运动学校举行，全市五区五县24支高中代表队参加了本次比赛。我校全体参赛运动员在教练员吴茂芹、林欣兰老师的带领下，获得济南市中学生田径运动会高中甲组团体总分第1名。

本校区实验科苑6楼会议厅不时传来阵阵热烈的掌声，我校“博导论坛”邀请到了浙江大学博士生导师吴敏教授为同学们作了题为“基因科学的发展”的精彩报告。

4月27日

我校语文组米雪老师和高鹏同学分别荣获济南市“校园金话筒”主持人大赛教师组和学生组“银话筒”奖。

张宏刚老师在全国中小学书法骨干教师作品展颁奖典礼暨书法教育发展论坛中荣获一等奖，并应邀作了《以书法教学实践迎接书法教育的春天》的主题报告。

4月28日

本校区第7届“科技创新教育月”活动和第15届“校园体育节”表彰大会在运动场隆重举行。表彰大会由政教处副主任张志永主持，政教处主任李丽和体育节总裁判长林欣兰老师分别宣读了2项活动的表彰名单。

在全国第6个“防灾减灾日”暨5·12到来之际，我校邀请山东省地震局研究员、局长晁洪太同志为学生作了《青少年防震减灾知识普及》讲座，副校长何庆利出席并讲话。

西校区举行“为争创国家卫生城市再立新功”主题升旗仪式，我校副校长钟红军发表讲话。

5月3日

我校张洽闻、李安迪等师生9人组成的济南市“青少年和平信使”交流团赴美参观访问，在亚特兰大参加了由世界和平玫瑰园协会举办的颁奖盛典，日前圆满结束行程载誉归来。

5月5日

济南市“我的数学观”校本研讨展示活动在西校区举行，来自济南市的百名教师参加了活动。

5月6日

教育部基教处二司副司长刘亚昌率专题调研组一行6人来我校进行学生着装工作专项调研，山东省教育厅副厅长刘士祥、济南市教育局副局长任泽焕等领导陪同调研。

5月7日

我校东校区举行“青春的样子”实验访谈。副校长何庆利担任嘉宾，接受学生记者专访，并解答同学们心中的困惑。

5月12日

东校第7届科技创新教育活动和第十五届校园体育节表彰大会在田径场举行。在表彰仪式上，2012级27班等12个班级获得“科技创新教育月先进集体”称号；2013级25班等8个班级被评为“第十五届校园体育节先进集体”。

“青春·梦想——红五月朗诵会”在东校礼堂成功举办。

5月15日

应外交学会邀请，美国国会议员高级助手代表团一行13人在外交学会、驻美使馆、外交部及省、市、局外办领导的陪同下来访我校。代表团成员为来自美国各州民主党和共和党联邦众议员的办公室主任、立法主任和政策顾问，此行主要目的是了解我校的教育教学和学生事务等情况。

同济大学数学系副教授周羚君在实验科苑6层报告厅为我校学子作了一场题为《从三角形内角和定理谈几何学发展》的精彩报告。

报告会之前，我校副校长韩相河、教导处主任林宝磊与周羚君副教授进行了亲切交流，报告会由教导处副主任于永水主持。

5月16日

我校本校区举行高一高二期中家长会。本着“开家长需要的家长会”的理念，本次家长会创新形式，丰富内容，增强针对性，得到与会家长的高度评价。

5月19日

瑞典隆德大学（Lund University）的 Lars Hansson 教授作客东校“实验访谈”，为 2013 级 36 班和地理学社的同学带来了一场全英文环保知识讲座。

5月22日

中共市委统战部常务副部长万秀水在济南市政协副主席、民盟济南市委主委崔大庸；济南市社会主义学院副院长张勇；民盟济南市委副主委华巍；市委统战部胡振宇处长等领导的陪同下，来到我校进行民盟基层工作调研，并与我校民盟支部成员进行座谈。我校党委副书记张克宏、副校长刘允锋等出席了此次调研座谈。

5月23日

我校第 9 届英语对抗赛于本校区会议厅成功举行。张琳、高慧燕、宋武栋等英语教师担任了本次比赛的评审。东校代表队成为本次对抗赛的冠军，本校代表队获得亚军，西校代表队获得季军，本校二辩任世玉同学赢得“最佳辩手”称号。

5月25日

我校组织约 800 名同学开展“走进山东大学”体验活动，并纳入学生社会实践课程课程。

我校组织部分干部、党员教师与学生代表到“城乡牵手共建单位”济阳县朝阳村开展文化下乡与志愿服务活动。党委副书记张克宏、工会主席张谊和、东校办公室主任王昌海、宣传法规科科长范海沛、团委副书记牛文恺等参加了本次活动。

全国青少年校园青春健身操大赛（济南赛区）在济南十一中举行。经过一天的激烈角逐，我校健美操队在教练员杨镇老师的带领下以绝对优势获得健美操提高套路特等奖、拉拉操提高套路特等奖和最佳表演奖。

5月26日

我校隆重举行2014届高三年级毕业典礼，祝贺又一批实验学子圆满完成了高中学业。

5月27日

在第9届中国中学生作文大赛中，我校赵安然同学获全国一等奖；李佳欣、管硕、杨彦婕获全国二等奖；郭嘉文、蒋晨婧获全国三等奖。赵安然、杨彦婕同学获山东赛区特等奖；蒋晨婧、仲崇景、曲韵、施竞澄、孙斗南、李佳欣、管硕获山东赛区一等奖。另有103位同学获山东赛区二、三等奖。吉林絮、王岱、郑妍、田延平、曹文辉、杨蕊等老师获全国优秀指导教师奖。

6月7日

中共山东省委常委、省常务副省长、省招生考试委员会主任孙伟到我校视察高考工作。省政府副秘书长高旭光、省教育厅厅长左敏、省教育厅副厅长宋承祥、省招考委有关部门及市教育局有关领导陪同检查。

6月11日

我校在礼堂举办了题为《珍惜生命，远离毒品》的法制讲座。6月份作为安全教育月，我校将组织一系列教育活动，其中一项就是6月26日国际禁毒日的宣传工作，为此我校特地通过家长委员会邀请到了济南市公安局禁毒支队的徐帆警官为同学们讲解与禁毒有关的法律知识，以及毒品的危害性，也给同学们上了一节生动的法制课。

6月12日

我校举行法制副校长聘任仪式。聘任济南市槐荫区检察院陈科长、槐荫区吴家堡派出所所长张德全为我校西校区法制副校长，副校长陆彩霞向张德全所长颁发了聘书。

6月17日

我校与中国科学院大学举行了开展拔尖创新人才培养合作的签约仪式。国科大授牌我校为“中国科学院大学优质生源基地”。中国科学院大学副校长高鸿钧院士；国科学院前沿科学与教育局副局长陈晓峰；我校副校长韩相河、刘允锋；教导处主任林宝磊等领导出席了签约仪式，并就科技人才培养的理念和实践进行了探讨。

6月23日

我校西校区举行“校园景点我命名”颁奖仪式，我校副校长陆彩霞、张忠军、钟红军为获奖学生颁奖。

7月10日

我校隆重召开共青团我校委员会第27次团员代表大会。学校党委副书记张克宏；副校长韩相河、刘允锋；团委书记、政教处主任李丽出席会议。会议由团委副书记蔺刚主持，教师党员代表和2012、2013级学生团员代表共计240余人参加本次会议。

7月13日

我校“走进传统文化，领略实验精彩”——学生社团传统文化展示活动在济南府学文庙举行。在活动启动仪式上，何庆利副校长和府学文庙吕智勇主任分别致辞。

7月15日

我校与济南战役纪念馆共建共育教育基地签字及揭牌仪式在济南战役纪念馆举行。仪式上，我校副校长何庆利与济南革命烈士陵园主任、济南战役纪念馆馆长孙晓峰交换了共建共育协议书，并共同为教育基地揭牌。孙晓峰还代表济南战役纪念馆向实验中学赠送了部分爱国主义教育书籍。仪式由我校政教处副主任张志永主持。

7月24日

中共济南市纪委副书记孙博、党风政风监督室主任程新民到市教育局直属学校调研行风建设工作。调研组一行在我校召开座谈会，听取市教育局和省实验中学的行风建设工作情况汇报。济南市教育局党委书记、局长陈东生、纪委书记陈敏、教育局副局长、我校党委书记王品木、教育局纪委监察室、办公室负责人以及我校党委全体成员参加了座谈。

8月23日

我校与济南市妇联共同开展的“关爱留守儿童”支教活动在济

阳县崔寨镇萃清小学举行。济南市妇联儿童部部长李娴君，我校副校长何庆利，济阳县妇联主席邵海燕，副主席柏秀芳，我校团委书记、政教处主任李丽，团委副书记蔺刚，崔寨镇妇联主席韩长运和萃清小学有关领导出席活动。

8 月 27 日

我校召开主题为“亲近教育理论，推动德育创新”的第 9 届班主任研讨会，我校副校长韩相河；我校党委副书记张克宏；副校长陆彩霞、张忠军、刘允锋、钟红军出席并参加会议。市教育局副局长、我校党委书记王品木作了动员讲话；山东师范大学心理学院徐夫真副教授作了《关注学生，共同成长》的主题报告；本校区李斌老师、东校区曹文辉老师和西校区时均琪老师分别为大家作了《对话式德育》《后进生转化》和《用心做教育》的主题报告；西校区政教处主任张宏刚作了主题为“把脉学生心理，塑造阳光心态”的第十届班主任研讨会的开题报告。

8 月 29 日

我校在东校区礼堂隆重召开全体教职工新学年大会，会议由党委副书记张克宏主持。副校长韩相河传达了学校 2014 下半年工作要点，特别是就加强教师队伍建设、推进课堂教学改革、整体提高办学质量等方面做了重点部署。他还宣读了新一学年的教研组长、备课组长名单，并对开学前的一系列准备工作提出了具体细致的要求。副校长陆彩霞通报了 2014 年中考招生情况并就进一步加强教职工工作纪律管理提出了明确要求。副校长何庆利宣读了各年级的级部主任、副主任以及班主任名单。

9 月 1 日

我校分校区举办 2014～2015 学年第一学期的开学典礼。济南市教育局副局长、校党委书记王品木同志，韩相河副校长，校党委副书记张克宏等有关领导及 2013 级家长委员会主任等出席典礼。

9 月 2 日

山东省首届十大教育科研名校评选结果揭晓，我校名列高中示范校榜首。

由德国奥格斯堡市市长库尔特·格力布博士和议员组成的代表团一行 11 人来我校参观访问，洽谈教育合作。济南市教育局、济南市外事办和我校相关领导接待了代表团一行。

9月5日

2014 级本校区新生军训结训式在田径场隆重举行，我校副校长韩相河、何庆利、刘允锋等领导以及部分新生家长观看了汇报表演。结训式由政教处副主任、高一级部主任张志永主持。

9月9日

在第 30 个教师节即将来临之际，济南市庆祝第 30 个教师节座谈会在我校 6 楼会议厅召开。

9月10日

山东省庆祝第 30 个教师节暨全省教育系统先进集体和先进个人表彰大会在济南举行。我校被山东省教育厅授予“山东省教育系统先进集体”称号并给予通报表彰。

9月23日

我校合唱队在济南市第 11 届中小学合唱节直属学校选拔赛中获得高中组一等奖，我校同时获得优秀组织奖。

9月24日

“济南市道德模范进学校先进事迹巡讲报告会”在我校东校礼堂举行。

9月26日

我校收到来自山东省红十字会的感谢信。鲁甸地震发生后，我校 2014 级 51 班王祎玮同学不惧辛苦，积极参加抗震救灾活动，连续两天参与捐赠物资的搬运工作，受到省红十字会的感谢，展现了实验学子强烈的社会责任感。

10月14日

我校首届电影节颁奖典礼在实验科苑楼 6 楼会议厅隆重举行。颁奖典礼邀请到了本校区家委会常委、齐鲁电视台副总监孙珊，齐鲁电视台主持人王曦，东校家委会秘书长、山东省教育电视台主任何蕾，济南教育电视台台长王希顺等嘉宾出席。我校副校长韩相河、何庆利、刘允峰以及相关处室的负责人参加了颁奖仪式。

10月24日

济南市首届“腾信杯”学生社团大赛落下帷幕，我校兰亭书社获得济南市“十佳社团”和“最具人气奖”称号。

10月26日

在第13届全国创新英语大赛上，我校多名同学获奖，李安琦等4名同学获全国一等奖；张学骞等4名同学获全国二等奖；姜陶等17名同学分获华北赛区一、二、三等奖。

10月27日

我校本校区2014年艺术节开幕式暨校庆66周年“十月颂歌”合唱比赛在体育馆隆重举行。高一年级1000多名同学引吭高歌，共贺母校66周年华诞。本次比赛邀请到了山东省艺术学院作曲家、中国电子音乐学会理事、音乐制作人刘晓鹏；山东省歌舞剧院声乐队副队长、男高音歌唱家王栗和山东电视台生活频道节目主持人陈曦来担任评委。我校副校长韩相河等领导参加了本次活动。

11月17日

新加坡淡滨尼初级学院与我校友好往来10周年之际，淡滨尼初级学院代表团再次访问我校。学院林楚平主任代表来访交流的新加坡师生发表讲话，他表示本次交流不仅为了增强两校之间友好往来关系，为新加坡学生提供更好地了解中国文化、风俗的机会，同时也希望通过交流逐步提升21世纪中学生的社会交流能力。

我校举行了“发现身边的感动，寻找身边楷模”评选活动启动仪式。

11月21日

我校分校区召开期中家长会。高一年级播放了我校副校长钟红军讲座视频《陪伴花开》，高二各班播放了我校教导处主任林宝磊学情分析视频。

11月26日

学校特邀请山东省国际旅游开发中心副主任、热销书《济水之南》作者牛国栋老师以“家园·乡愁”为主题，为我校开启读书节名家系列讲座。

槐荫区各乡镇食品药品监督所所长到我校西校区餐厅进行参观指导。槐荫区食品药品监督管理局尹洪韬副局长、周新标副局长、我校副校长张忠军参观活动。

11月27日

我校东校召开第8届学生代表大会。本次学代会由第7届学生会成员组织承办，政教处王长江主任、崔乐俊主任、王飞主任、于新平老师及高一年级70名学生代表出席了大会。

12月2日

在第4届山东省工艺美术大师评审工作会议上，我校美术教师林伟同志被评为山东省工艺美术大师。

东校区青年教师座谈会在3楼会议室召开。座谈会由教导处主任刘庆华主持，韩相河副校长、何庆利副校长及政教处、团委、各级部负责人参加了座谈。

12月4日

我校东校谏议团成立暨学生干部培训大会于多功能厅召开。何庆利副校长、王长江主任、崔乐俊主任、王飞主任等校领导，高一、高二各班班长、团支书、学生会干部、团总支成员、记者团正副团长及广播站正副站长等学生干部参加了本次会议。

在我国首个国家宪法日到来之际，我校举行“弘扬宪法精神，建设和谐校园”专题升旗仪式。

12月5日

我校西校区开展“家校、警校联手共护学子安全行”的活动，并向所有家长发出倡议：“家校、警校携手，共同为实验学子创造安全、便捷的绿色通道”。

12月6日

济南市教育局副局长、我校党委书记王品木参加西校区2014级家长委员会成立大会并致辞，我校党委副书记张克宏、我校副校长韩相河、何庆利、陆彩霞、张忠军、钟红军以及政教处和级部负责人出席大会。大会选举产生了2014级家长委员会常务委员会组成人员，学校领导向各位常委颁发了家长委员会委员证书。

12月10日

我校在第5届“熊博士”全国青少年科学影像节中喜获佳绩。马玉建、郝晓晗、王静曜3位同学制作的《我是一张纸》荣获优秀全国科普动漫作品一等奖，另有4件作品获省级奖励，12件作品荣获市级奖励，其中张兆旭、李斌、翟哥3位同学的《环保小课堂》荣获省级科普动漫项目一等奖。

12月16日

我校2013级“山大实验班”语文学科的16名学生在教导处主任刘庆华、语文组时均琪和杨晓容老师带领下来到山东大学中心校区，参加2012年诺贝尔文学奖获得者莫言与2008年诺贝尔文学奖获得者法国作家勒克莱齐奥以《文学与人生》为题的精彩对话。活动由山东大学副校长陈炎教授主持，南京大学外国语学院法语系许钧教授担任了此次对话的翻译。

12月19日

由体育组荆红丽老师带领2013级10名队员参加了在济南一中举行的济南市中小学毽球比赛。我们学校取得了1个亚军，2个第五名，1个第六名和体育道德风尚奖的优异成绩。

12月22日

山东大学贾玉玺教授做客我校西校区“博导论坛”，作了主题为“从国家战略看纤维复合材料在飞机上的应用”的精彩报告。此次活动勉励同学们端正学习态度，全面培养个人素质，为我国人才结构注入新的力量。

12月24日

我校第13届“实验杯”辩论赛东校区决赛在教学楼2楼多媒体报告厅落下帷幕。由高一24、30班，高二30、38班组成的“正八边形”队成功晋级东、本、西3校区辩论总决赛。

12月29日

我校西校区举办首届“西校好声音选拔赛”，好声音为爱好音乐的同学们提供了一个广阔的舞台。

12月30日

我校东校“2015梦想起航——新年联欢会”在礼堂举行，济南市教育局副局长、学校党委书记王品木同志，副校长何庆利同志等学校领导和家长委员会代表、学生演员家长等观看了演出。

我校西校区举办“冬阳焕影”摄影展。

2015年

1月12日

全国中学生英语能力竞赛圆满落幕。我校高二年级11名学生分获全国一、二等奖，创获奖纪录新高；吴维亮、许晓霞、辛丽、钟建香、范红、白洁、周米珞、时雅宁、邹秀梅老师获“优秀指导老师”称号。

1月14日

第2届“中国当代特色学校发展高峰论坛暨颁奖盛典”在江苏洋思中学隆重举行，我校荣膺全国百强特色学校“十佳示范学校”，何庆利副校长应邀参加并作了题为“教育的魅力在于引领”的典型发言。

1月22日

我校举行民盟支部座谈会，校党委副书记张克宏、全体在职盟员和部分退休教师盟员出席，传达学习民盟济南市12届5次全委（扩大）会议精神。我校民盟支部在全省“基层组织建设年”活动中，被表彰为民盟山东省先进基层组织，这是最近5年来第4次获得此项殊荣。

我校西校区举行化学方程式听写比赛。我校化学组王克芳老师宣读了比赛结果。活动巩固了学生对基础知识的掌握，增强了学生的化学素养，又提高了学生学习的兴趣和主动参与、探究、体验的激情。

1月28日

我校第14期党校培训班第一讲在第二多功能厅顺利进行。校党委副书记张克宏同志担任本次培训的主讲人，高三年级各班共38名入党积极分子参与培训。

“2014 年济南教育十件大事评选”结果揭晓，我校《高中推行学长制的实践探究》获基础教育国家级教学成果一等奖，山东省仅 2 个单位获此殊荣。市教育局副局长、我校党委书记王品木赴京领奖，并受到习近平总书记、李克强总理的亲切接见。据悉，这是我市在此类评选中获得的最高荣誉。

中国民生银行济南分行携手我校开展“春风助学行动”，设立我校“登攀助学金”，其签约仪式暨 2014 年度“励志奖”表彰仪式在我校举行。

1月29日

山东大学泰山学堂公布了 2015 年“中学生英才计划”录取名单，我校 11 名高一同学入选。据悉，全省共有 26 名中学生入围，我校是入选人数最多的学校。

2月6日

我校韩玉坤、吴静、刘庆华、郭尚民 4 位老师参加了济南市首批高中语文青年骨干教师培养计划，被济南市教研室授予“济南市首批高中语文青年骨干教师”荣誉称号。

2月10日

我校 2014 年度教学年会在实验科苑 6 层会议厅隆重举行。会议主题为“聚焦教师多元发展，打造立体化专业成长平台”，会议中同时宣读了学校成立教师发展中心的决议。济南市教育局副局长、学校党委书记王品木提出了 2015 年的新工作计划。

2月11日

我校党委副书记张克宏、工会主席张谊和到文明共建单位济阳县济阳街道朝阳居民委员会进行走访，并与其就今后文明共建活动达成了共识。

2月12日

“作家杯”全国新概念作文大赛颁奖大会在上海举行，我校方雨馨、蔡雨晴获得一等奖；李欣润、逄杭之同学获得二等奖。新概念作文大赛素有“中国写作奥林匹克”之称，是全国最具影响的作文大赛之一。我校在历次比赛中参赛成绩均居榜首，2005年曾被授予全国“新概念作文大赛”特别荣誉奖，至今仍是唯一获得此项殊荣的单位。

3月4日

在山东省总工会举行的庆“三八”暨先进女职工事迹报告会上，我校数学组被授予“山东省女职工建功立业标兵岗”荣誉称号。

3月7日

我校分校区召开了全体教职工大会，传达年度工作计划，迎接新学期的到来。会上，学校副校长韩相河向与会教职工传达了《我校2015年度工作要点》。他明确了本年度学校工作的总体要求是：贯彻党的十八届三中、四中全会精神，落实市教育局“教好教会，学好学会”的工作要求，坚持“为每位学生创造主动发展的无限空间”的教育理念，全面实施素质教育，大力推进依法治校，深入开展“对话型教育”。

3月9日

我校东校2014～2015学年第二学期开学典礼在东校操场隆重举行。济南市教育局副局长、校党委书记王品木同志等学校领导班子成员和家长委员会代表出席开学典礼。

3月15日

我校部分同学、老师和家长参加了山东教育电视台2015“播种希望”植树活动。

3月21日

我校11名学生入选由山东省科学技术协会与山东大学共同实施的山东省中学生英才计划，并于山东大学参加山东省“中学生科技创新后备人才培养计划拜师会”和“第一次师生见面会”，此举标志着第2期英才计划活动正式启动。

3月23日

我校第8届“科技创新教育月”及第16届“阳光体育班级联赛”启动仪式在校田径场隆重举行。

我校西校区隆重举行了“发现身边的感动，寻找身边的楷模”

颁奖仪式。

3月24日

济南市教育局副局长、我校党委书记王品木参加我校航空实验班招生新闻发布会，航空实验班招生工作正式启动。空军招飞局济南选拔中心主任张光宇，山东省教育厅基教处处长王培岭和济空政治部副主任王建起少将先后讲话。

3月25日

市教育局召开了全市教育系统宣传法制工作会议，并按照《济南市教育新闻宣传工作考核办法》确定了考核标准，对2014年各单位教育新闻宣传工作进行了全面考核赋分，我校综合成绩高居市直学校榜首，荣获“2014年度教育新闻宣传工作先进集体”和“2014年度济南教育十佳微博”荣誉称号。

3月27日

我校东校第8届科技创新运动会顺利拉开了帷幕。

上海交通大学农业与生物学专家、农业部都市农业（南方）重点实验室主任周培教授为实验学子作了题为《创新和可持续》的报告；同时，上海交通大学副校长徐学敏教授代表交大向我校赠送了上海交大出版的科学系列书籍，教育局局长陈东生出席了此次报告活动。

3月28日

济南市教育局召开了2015年度教育工作暨党风廉政建设工作会议，我校党风廉政建设受到了上级的表彰，并被授予“2014年度党风廉政建设工作先进单位”和“2014年度济南市教育系统家长满意学校”2项荣誉称号。

我校青年志愿服务队来到济南市平阴县洪范池镇后杨河村，开展为贫困留守儿童奉献爱心的公益活动，此次活动获得校团委的大力支持。活动的组织和筹备者“73号骑行队”入选了济南市志愿者优秀项目。

4月3日

我校举行了处室工作及安全工作目标责任书签字仪式。3个校区的教导处、政教处、总务处、工会、团委、教科室和安全科负责人分别与副校长韩相河在处室工作目标责任书和安全工作管理责任书上签字。

我校召开全体中层以上干部会议，传达上级党风廉政建设工作会议精神，并层层签订了党风廉政建设责任书。

4月12日

第30届山东省青少年科技创新大赛在山东省莱芜市闭幕，我校共有8项作品入选本次大赛并全部获得一等奖，另有1项作品推荐全国赛。近年来，我校高度重视科技创新教育，大力培养学生的创新精神和实践能力，众多学生在全国科技竞赛中获得一、二等奖，学校也被授予“中小学生创造力培养示范学校”“全国青少年信息学奥林匹克竞赛先进学校”等荣誉称号。

4月15日

美国康州侯萨托尼克谷高中师生访问团到访我校。4月13日上午，宾主双方在我校实验科苑接待室进行了友好而深入的交谈，这是我校重视发展友好学校关系的重要表现。

4月16日

我校东校区在多功能室召开学生谏议团会议。本次会议由王长江主任组织并进行，高一、高二各班学生干部参加会议。

4月19日

2015年“中国体彩杯”济南市中小学生乒乓球联赛在济南市皇亭体校举行，我校派出了10名队员组成代表队参加了本次比赛，并在教练员高兵老师带领下，包揽了该项赛事的男团、女团、男单和女单4个项目的冠军。

4月27日

在2015年济南市庆祝“五一”劳动节大会上，我校林宝磊老师被市总工会授予“五一劳动奖章”。

济南市海外科技人才创业基地主任胡文与济南大学经济学院副教授赵芳一行来到我校国际部，为即将踏出国门开始留学生活的高三同学们举办了一场以“拳拳爱国心，同圆中国梦”为主题的讲座。

我校西校区隆重举行第2届“科技创新教育月”活动暨第2届

"校园体育节"表彰大会。

4月28日

济南市教研院一行在副院长李勇、高中科科长田旭海的带领下，到我校进行了高二年级分层走班教学实施情况的调研。学校副校长陆彩霞、教导处主任林宝磊、副主任于莉参加调研活动。分层走班制是我校继实施选课走班后在教学管理模式方面的进一步深化与提升，同时也顺应了当前山东省基础教育改革的大趋势。

4月29日

我校被山东省教育厅、山东省科协联合授予"山东省科普示范学校（2015～2019年）"称号。六年来，学校有100余名学生在全国科技竞赛中获得一、二等奖并被保送到重点高校，300余人获得省级竞赛奖励并因此被保送全国重点大学，1300余名学生获得国家专利证书，每年被推荐到全国参赛的项目占到全省四成，且多获得全国一等奖。

在山东省庆祝"五一"劳动节大会上，我校被省总工会授予"富民兴鲁劳动奖状"。

5月5日

我校东校区举行青年教师系列培训活动，高二级部田延平主任做了课堂教学艺术的专题报告，入校3年内的青年教师参加，活动由教导处刘庆华主任主持。

5月9日

第2届国际青少年创新设计大赛在北京举行，我校共有14支参赛队92名队员参加了这次盛会并获得挑战B类技术设计一等奖3个，二等奖7个，三等奖1个；挑战C类技术设计一等奖1个，二等奖2个，三等奖1个；此外我校还揽获十佳海报奖以及优秀组织奖。

5月10日

2014～2015赛季中国高中生美式辩论联赛济南赛区的比赛在我校举行。我校张治闻和王紫正同学搭档跻身四强，均获得"最佳辩手"荣誉称号。

5月11日

中国科大、南开大学、国防科技大、西北工大等高校纷纷向省实验中学发来喜报：表彰实验毕业学子在高校中勤奋好学，全面发展，表现优异，或获国际大赛佳绩，或荣膺荣誉称号，获赢得国家奖学金，特向学校报喜，并期待输送更多品学兼优的毕业生。

5月12日

“中国药科大学优秀生源基地”挂牌仪式在我校举行。药科大党委常委、副校长王正华；药科大分管招生工作的相关处室负责人以及我校副校长韩相河；教导处主任林宝磊；副主任于永水等参加了挂牌仪式。

5月13日

我校共有16人次获得了北京大学、清华大学自主招生资格。此外，实验学子有10人获得上海交通大学自招资格，近20人次获得人大、复旦等重点高校的自招资格。目前排名前15位的高校入围87人次，在全省遥遥领先。另外还有100余人次获得南方科技大学、上海科技大学、上海纽约大学等新兴著名高校初试资格。

5月15日

由教育部、国家体育总局主办的2015年“全国高中男子篮球联赛”济南赛区的比赛在我校体育馆落下帷幕。我校男篮夺得冠军并将于8月份代表山东省参加全国总决赛。

5月16日

第10届全国中小学生创新作文大赛山东赛区决赛在山东大学举行。我校共有26名同学入围决赛，并取得优异成绩。曹塬、李一帆、韩晔宁、逄杭之等10名同学分获一、二等奖，并成功获得参加全国总决赛的资格。

5月19日

2015年英特尔国际科学与工程大奖赛（Intel ISEF）在美国匹兹堡落下帷幕，我校学生郝若尘的《蝙蝠仿真耳对空间目标定位的研究》获得Intel lsef物理科学学科同类最佳奖、物理学科一等奖、美国声学学会奖，受邀和全额资助参加伦敦国际青年科学论坛，郝若尘也是迄今第一个获得物理学最佳奖的中国选手。美国麻省理工学院林肯实验室还以郝若尘的名字为一颗小行星命名（Ruochen Hao）。

5月21日

东校“屹世家国——以我担当，承我信仰”红五月朗诵会在礼堂成功举办。

5月23日

“全国青少年校园青春健身操大赛（济南赛区）”在济南十一中举行。我校健美操队在教练员杨镇、蔡晶晶老师的带领下获得健美操一等奖、拉拉操一等奖。

2015年新加坡SM2公费留学（全额奖学金）项目在山东教育大厦进行了面试。我校高二孙婧雯、逄杭之、王昭懿、施泺梓、严林轩、康安民、陆文赋、孙子晗、耿恩泽等9位同学顺利通过面试，被新加坡方面正式录取。此次项目选拔全省共录取20人，我校推荐了10人参加笔试并均进入面试，最终录取人数位居全省首位。

5月25日

由济南团市委、市志愿者协会组织开展的2014年度济南市志愿者行动评选表彰活动日前落下帷幕。我校“骑行中国——关爱贫困留守儿童”志愿项目荣获“2014年度济南市志愿者行动优秀项目”奖。

以“合作共赢、愿景与行动”为主题的山东省——南澳洲合作发展论坛在山东大厦举办，澳大利亚南澳洲州长魏杰率大型经贸教育代表团应邀出席，山东省委书记姜异康、省长郭树清等领导会见了南澳洲客人。我校副校长韩相河作为本次论坛唯一的中学代表参加此次活动。

5月26日

在山东省心理健康教育研究会换届大会暨“学校心理健康教育特色建设”学术年会上，我校由于在心理健康教育工作中表现突出，被评为“山东省心理健康教育先进单位”。齐芬老师被评为“山东省心理健康教育先进个人”，我校的校刊《校园心理》被评为优秀成果。

我校隆重举行第2届中美高中课程实验班毕业典礼。本届所有毕业生全部被美国、加拿大、英国、澳大利亚、新加坡等国家和中国香港地区等世界名校录取，平均每位学生收到5份大学录取通知书。其中包括美国波莫纳学院、杜克大学、哈佛福德学院、汉密尔顿学院、范德堡大学、加州大学伯克利分校、加州大学洛杉矶分校、弗吉尼亚大学麦吉尔大学、多伦多大学、滑铁卢大学等世界顶尖大学。

5月27日

在省、市中小学电脑制作活动作品评选中，我校3名同学获省一等奖并晋级全国作品评比，2名同学获省二等奖，14名同学获市级一等奖，7名同学获市级二等奖；同时我校荣获2015年山东省中小学电脑制作活动最佳组织奖。

5月29日

全国90余所知名高中的校长相聚南京大学，参加南大组织的“新考试招生改革进程中的创新型人才培养”论坛，我校副校长韩相河应邀参会。会上省实验中学因为南京大学输送学生数量在山东省名列榜首，特被南大授予“创新型人才培养战略合作伙伴”铭牌。

6月10日

第13届“半夏的纪念”北京国际大学生影像展颁奖典礼在中国传媒大学报告厅落下帷幕。我校陈一鸣同学主创的微视频《致17岁》摘得最佳中学生作品奖，成为唯一的获奖中学生。

7月2日

我校与中国科学技术大学签署协议，双方将联合创办“中科大创新实验班”，积极探究创新人才培养的有效机制和模式。这是中科大在山东省与中学唯一联办的“实验班”。

7月4日

AMC美国数学竞赛济南赛区组委会发来喜报。张耕瑞同学获得AMC10（美国数学竞赛十级）济南赛区第1名，同时张耕瑞同学和姜子青2位同学成绩进入全球该赛事前2.5%，并获得AIME（美国高中数学邀请赛，American Invitational Mathematics）的参赛资格。

杜世杰同学获得AMC12（美国数学竞赛十二级）济南赛区第1名，并进入全球前1%。刘钰琦、张中一、金彤、王文陟和陈麒羽等5名同学跻身全球前5%。这6名同学也均获得赴美参加AIME比赛的参赛资格。

7月12日

我校纪念"抗日战争胜利70周年"主题教育实践活动启动仪式于"五三"惨案纪念堂举行。我校副校长钟红军；政教处主任张宏刚；副主任张志勇、王飞；高一级部副主任吕秀亭以及崔丽娜老师等参加了此次活动。

为弘扬中国传统文化，培养学生对传统文化的热爱，我校"走进传统文化，领略实验精彩"——第2届学生社团传统文化展示活动在济南府学文庙举行。

6月22日

我校3校区英语对抗赛在西校区举办。这一活动为3校区同学的英语素养提升搭建了展示的舞台，同时促进了3校区同学间的交流与合作。

7月14日

我校分校区举行校园开放日活动。"校园开放日"活动体现了我校"以学生为本，为学生服务"的理念，也为家长搭建了进一步与学校沟通的平台，让众多家长对实验中学这一齐鲁基础教育名校有了更深层次的了解与认同。

7月19日

我校与中国少年儿童报刊工作者协会综合性期刊专委会在万里同志故乡东平县共同开展"雷锋在我们身边"结对帮扶贫困学生留守儿童活动，并在万里图书馆建立了首家全国少年儿童综合性期刊阅读基地。副校长何庆利、政教处主任李丽带领我校学生志愿者参与了此次活动。

7月23日

第8届"文心雕龙杯"全国中小学校园文学写作大赛现场决赛暨颁奖典礼在京圆满落幕。我校林天骄同学获特等奖；刘云影、崔宇航等19名同学获得一等奖；臧梦瑶、尹诗淇等19名同学获得二等奖；李子秋、孙文心等11名同学获得三等奖。王安瑞同被授予“全国十佳校园小作家”称号。我校也因比赛成绩突出、文学气氛浓厚被评为“全国写作教学示范单位”。

7月24日

中华全国学生联合会第26次代表大会在北京人民大会堂隆重开幕。我校学生会主席、2013级2班王宇航同学作为全国学联第26次代表大会正式代表参加了会议，并当选全国学联第26届委员会委员、普通中学工作委员会委员、第26次代表大会代表资格审查委员会委员。我校学生会也再次全票当选全国学联委员会委员团体。

7月29日

第13届“叶圣陶杯”全国中学生新作文大赛现场决赛、颁奖典礼暨中国小记者未来作家夏令营在京成功举办。我校王钰同学荣获特等奖；刘冬雨、李一诺、李雅杰、赵怀嘉、朱俊杰、崔璇等6位同学荣获一等奖；田园、张露阳、李骋宇等其他15位同学分获二、三等奖。同时，我校荣获“全国新课程写作教学示范校”的荣誉称号，副校长韩相河被评为“全国新课程写作教学示范校模范校长”，李满老师被评为“全国新课程写作教学示范校模范教师”。

我校2013级崔宇航和董梦添同学在“参观科技馆展览有奖征文暨科技夏令营”活动中获奖，并受邀作为山东地区代表参加了中国科技馆科技夏令营活动。

8月1日

第12届CSBA全国高中男子篮球锦标赛在日照一中落下帷幕，我校男篮队员勇夺亚军，再次打入了全国三强。

8月2日

第10届全国中小学生创新作文大赛在北京大学落下帷幕。我校陈宜文、李一帆、林沛然等3位同学获得一等奖；郑国梁、牛童等2位同学获得二等奖；曹塬、韩晔宁、刘夙扬、王怀玉等4位同学获得三等奖；其指导老师也分获相应奖项。我校更因积极参与活动、比赛成绩突出、文学气氛浓厚被评为“第十届全国中小学生创新作文大赛基地校”。

8月16日

第9届“全国校园金话筒”山东赛区（中学组）决赛在山东电视台举行。我校2014级6班毕若凡获得金奖，2013级38班杨子昊、2014级17班徐睿迪获得银奖，2014级12班王路阳获得铜奖。

8月29日

我校在东校区大礼堂隆重召开了全体教职工新学年大会。会议由党委副书记张克宏主持。副校长韩相河传达了学校2015下半年工作要点，对进一步转变工作作风、推进课堂教学改革、提高育人质量等方面做了重点部署，并对教师交流轮岗、参加研修等事项进行了说明。副校长何庆利宣布了《我校教职工考勤制度实施细则》，并宣读了各年级的级部主任、副主任名单。副校长陆彩霞宣读了新一学年的教研组长、备课组长名单。

第22届国际历史科学大会在山东济南隆重举办，这是大会首次在亚洲国家举办。我校张灯、王力尧天、张梦真等3位同学作为全国仅有的3名中学生参加了会议。

9月2日

我校师生代表在“剑平石”前共同举行崔剑平牺牲18周年纪念仪式，深切缅怀在美国留学期间为救人而英勇牺牲的烈士崔剑平。

由菲利普·塞纳主席为团长的美国萨克拉门托大区主席代表团一行30人访问我校，洽谈教育交流和合作，这也是济南市与萨克拉门托市缔结友好城市30周年纪念活动之一。济南市外事办副主任、济南市教育局和我校相关领导出席了接待活动。

9月4日

我校分校区举行2015～2016学年开学典礼。副校长韩相河；党委副书记张克宏；副校长陆彩霞、张忠军、钟红军及学校各部门负责人出席了典礼。我校副校长韩相河同志发表新学期致辞。学校表彰了在2014～2015学年第二学期的优秀班集体、优秀团支部、班务管理先进集体、宿舍管理先进集体以及“实验之星”奖章获得者。

9月6日

国际太空城市设计大赛组委会通知，我校代表队的设计作品通过评委会的双盲评审，并将参加在清华大学举办的全国决赛。据悉，共有12个队伍进入全国决赛。我校是第1次参加本项比赛，成功赢得大赛评委的认可进入全国决赛。

9月8日

在第30届全国青少年科技创新大赛中，我校参赛选手景雨飞《恶劣天气汽车激光辅助警示装置》获全国二等奖，也是本届山东省在全国获得的最高奖励。

第16届全国中小学生电脑制作活动夏令营在安徽合肥举行。我校齐浩杉。王与、孙逸群全部荣获全国一等奖，程鲁华、石磊老师荣获“优秀指导教师”称号。

2015中国机器人大赛暨Robo Cup公开赛在江苏淮安举行，我校由孙英皓、关天瑞、张椿霖3位同学组成的实验中学文曲星队，获得中学组双足竞步机器人（交叉足印）亚军及特等奖的好成绩，石磊老师荣获“优秀指导老师奖”。

9月14日

我校空军青少年航空学校揭牌仪式在西校区举行。济南军区空军政治部副主任王建起；济南军区空军招飞选拔中心主任张光宇；我校副校长韩相河、陆彩霞、张忠军、钟红军出席仪式，我校副校长韩相河和济南军区空军招飞选拔中心主任张光宇发表讲话。济南军区空军政治部副主任王建起少将和我校韩相河副校长共同为空军青少年航空学校揭牌，标志着空军青少年航空学校的正式成立。

我校举行学校法制安全文化节活动启动仪式，何庆利副校长发表动员讲话，高二25班程珂欣同学发表《法制伴成长，平安促和谐》主题演讲。

9月15日

济南市中小学首届法治安全文化节“法律伴成长，平安促和谐”主题启动仪式在我校举行，学生代表隽宵阳向全市中小学生发出学法用法倡议。市教育局副局长任泽焕、市公安局经文保支队副支队长杨庆太、市司法局法制宣传处处长尚庆忠、市教育局宣传法规处处长李艳、市教育局技术装备与安全处处长李干三出席活动启动仪式。

9月18日

济南市老教协在济南中学大礼堂举办了《纪念中国人民抗日战争暨世界反法西斯战争胜利70周年歌曲演唱会》。我校老教协组织的50位老同志在台上倾情演唱了《抗战组曲》和《习主席寄语》2首歌曲，并荣获市老教协颁发的“优秀表演奖”。

9月21日

第32届中学生物理奥林匹克竞赛复赛在山东大学落下帷幕。我校共有15名学生获得省赛区一等奖，约占全省一等奖获奖人数的1/4，获奖人数遥居全省首位。慕亚楠老师被评为“优秀指导教师”，我校同时再获“物理奥林匹克竞赛金牌学校”荣誉奖牌。

9月22日

市中级人民法院曹磊法官主讲的一场精彩法制教育讲座在我校本校区举办。我校副校长韩相河、政教处主任李丽、宣传法规科科长范海沛、2014级部德育主任郑纪庆等领导出席了参加本次讲座。韩相河副校长亲自颁发证书聘请曹磊法官为我校法律宣传讲师。

9月30日

我校分校区举办2015年度秋季田径运动会。

10月4日

我校2014级20名同学在教导处副主任于莉和2位老师的带领下，赴德国巴伐利亚州奥格斯堡市霍尔拜恩中学进行了友好交流访问活动。

10月6日

2015年国际太空城市设计大赛中国区决赛在京落幕。我校12名同学组成的代表队在石磊老师带领下参加了此次比赛，最终赢得大赛金奖，并获得了代表中国参加亚洲区半决赛的资格。

10月20日

“武汉大学优质生源基地”授牌仪式在我校会议室举行。武汉大学化学与分子科学学院副书记、山东招生宣传组长吴奕授予我校“武汉大学优质生源基地”牌匾。

10月20日

我校召开党员教职工大会，进行“三严三实”教育活动专题党课学习。会议由副书记张克宏主持。副校长韩相河作了题为“践行三严三实，努力开创学校工作新局面”的报告。

10月24日

我校作为学校文化建设先进单位获邀参加全国第7届“推动学校文化建设、打造特色名牌学校实施战略研讨会”，被评为“学校文化建设重点研究单位”。我校政教处主任张宏刚代表学校进行了主题为《学校文化建设的思考与实践——打造学校文化的DNA》的典型发言，与会专家学者给予了充分肯定。

10月29日

我校分校区召开党员教职工大会，进行“三严三实”教育活动专题党课学习。

10月30日

第12届全国化学实验教学创新研讨会在厦门举行，我校化学组安伟老师获得第12届全国实验教学创新展示评比一等奖。该项活动由中国教育学会化学教学委员会主办，每省市自治区的初高中共派出8名选手参加现场展示比赛，山东省此次参赛高中组共有2人获一等奖。

11月5日

民盟我校支部举行换届选举大会，民盟济南市委副主委华巍、我校党委副书记张克宏、民盟济南市委组织部长李慧琴出席此次大会。大会选出张爱梅、叶玲、李鸿杰为9届民盟实中支部委员会成员。

11月13日

我校丁际旺老师的教学专著《怎么想，就怎么教——从默会知识到思维教学》一书由教育科学出版社出版。北师大教育学部部长石中英教授、华东师大哲学系主任郁振华教授联合推荐。《人民教育》则以《默会知识论告诉我们该教什么》为题，刊发了该书前言的部分内容。

11 月 15 日

2015 年全国中学生地理奥赛在广州结束。我校 23 名同学组成的代表队获得 5 金 4 银 7 铜的优异成绩，同时刘开元、张铭皓和焦晨泰 3 位同学入选国家队冬令营。我校参赛队金牌总数和获奖人数在全国遥遥领先，包揽了金牌第 1 名和第 2 名，我校还获得团体一等奖，时郑华、方学蜜、董文斌、元杰等 4 位老师被评为“优秀指导教师”。

第 19 届全国教育教学信息化交流展示活动在北京举行，我校曲希跃和邓珍老师制作的课件以及汲晓芳老师的课例在 3953 件作品中脱颖而出，均获得全国决赛一等奖。

11 月 17 日

电子科技大学副校长曾勇教授带队在我校举行“教授进中学”活动。我校副校长韩相河与曾勇教授就高中高校联合培养模式、交流渠道等深入交换了意见。电子科技大学的于奇教授和陈祝明教授走进我校“博导论坛”，分别为学生作了《微电子技术的过去、现在和未来》《雷达，科技练就的火眼金睛》的科普报告。

11 月 18 日

我校友好学校法国布列塔尼大区圣马洛高中师生一行 30 人在汉语老师 Laurence 的带领下，对我校进行了友好访问，这是该校第 5 次访问我校。

在市教育局纪委组织召开的“济南市廉政文化示范点”创建推进会上，我校荣膺“济南市廉政文化示范点”荣誉单位称号。张克宏副书记和张忠军副校长还代表学校就如何创建廉政文化示范点建设作了典型发言。

11 月 20 日

我校召开航空班期中家长会。副校长钟红军、空军驻校干部队长彭昆、政教处主任张宏刚和航空班班主任参加了本次家长会并分别发言。

11 月 24 日

高一 36 班代表我校东校参加了济南市班级文化艺术节展评。

南开大学教授顾沛先生到我校西校区举办了一场“感悟数学之

美”主题讲座。王怀方主任主持，陆彩霞、张忠军副校长出席活动。此次讲座使同学们深刻感受到了数学之美和学习数学的妙处，令人意犹未尽。

11月25日

由中国当代文学研究会校园文学研究会主办、中国教育学会中学语文教学委员会指导的第2届全国语文教师文学课堂展评活动在山东泰安举办，我校王存志老师凭借执教现代诗歌《错误》鉴赏课荣获一等奖，并被授予“全国十佳文学教师”荣誉称号。

11月26日

实验中学东校“歌唱祖国”2015级合唱比赛在学校报告厅顺利举行。

11月28日

我校高一6班楚孟辉、高二18班嵇宸和高二34班吴亚霖3位同学在济南市“诵读经典，传承美德”青少年经典诵读电视大赛决赛中荣获济南市“国学小名士”称号，并赢得了代表我市参加山东省比赛的资格。

“国际大学生iCAN创新创业大赛2015年会”在山东大学举行，会上我校被授予“国际青少年iCAN创新创意大赛实践基地”称号。

12月1日

我校美术教师周迎峰在北京学苑出版社邀请之下出版了《济南老风情》一书，并在全国新华书店发行。该书是北京学苑出版社《故园画忆》全国系列之一，全面呈现了济南的历史文化、风土民情等景象。

12月2日

高一26班作为我校推荐班与抽查班高二28班于12月2日代表学校参加了济南市中小学第13届（班级）文化艺术节。

济南市青年岗位操作能手和青年技术创新能手“双能手”评选结果揭晓，我校蔺刚老师荣获济南市“十大杰出青年岗位操作能手”称号，是此次评选中我市教育系统唯一获此殊荣者。

12月4日

由我校荆红丽老师主编的《毽球运动》《花毽运动》，由北京师范大学出版社正式出版。该书系全国学校体育联盟（教学改革）规划教材，其出版填补了我国校园毽球教材的空白。该书由北京师范大学体育与运动学院院长、全国学校体育联盟主席、博士生导师毛振明先生任总主编并撰写序言。

12月5日

我校9届2次教职工代表大会在本校区报告厅召开。全体代表认真讨论和审议了副校长韩相河作的关于《我校教职工奖励性绩效工资分配办法》的说明；副校长陆彩霞作的关于《我校教职工年度考核实施方案》的说明；副校长刘允锋作的关于学校2014～2015年度财务报告；工会副主席李洪华作的工会2014～2015年度财务报告。

12月7日

我校国际部DI社团高一高二共30名学生在孙晓寒、张覃婧同学的带领下，组成4支队伍，赴北京参加了为期4天的DESTINATION IMAGINATION北京国际邀请赛，夺得全国高中组第4名还获得了3个全国高中组三等奖、1个全国高中组文艺复兴特别奖，并有1支队伍晋级DI全球总决赛。

我校分校区组织全体党员学习18届5中全会精神。

12月9日

由省教育厅主办，省篮球协会、学校体育协会协办，耐克（中国）体育有限公司赞助的2015～2016年度“全国高中男子篮球联赛”济南赛区的比赛在我校体育馆落下帷幕。我校以大比分优势再次蝉联济南市高中甲组冠军，同时我校篮球队李龙健同学获得本次比赛“MVP最有价值球员”、周其默同学被评为“最佳后卫”。

我校“中国科学技术大学创新班”高校导师见面会暨第一次授课开讲。来自中国科学技术大学的中国科学院“百人计划”入选者、工程科学学院副院长倪勇教授，高级工程师倪向贵博士和博士生导师胡小方教授分别为创新班的首届学生们讲授了充实生动的科普课。

12月10日

我校邀请了市教育局行风监督员、原市人大常委会教科文卫副主任周洪范来校检查指导工作。副校长韩相河、刘允锋以及教导处主任林宝磊参加了座谈。

12月11日

济南市泉城义工公益嘉年华暨第5届评优表彰大会在泉城广场举行。我校2013级18班学生潘韵竹因在社会志愿服务活动中表现突出，被济南市文明办、济南市志愿者协会、济南时报联合授予“优秀泉城义工”称号。

12月13日

东校举行升旗仪式，启动2015年度“发现身边感动、寻找学子楷模”主题教育活动。

12月14日

我校东校区青年教师拜师仪式在图书楼1楼多功能厅隆重举行。副校长何庆利、教导处主任刘庆华、教导处副主任丁兆华及各级部主任、高一高二全体备课组长、35岁（含）以下全体青年教师参加了该活动，会议由教导处主任刘庆华主持。

我校西校区举行青年教师成长主题教研活动。特级教师王克芳老师作了题为“和青年教师一起成长”的专题报告，语文组马庆溪老师为大家作了如何读书的报告，我校副校长陆彩霞进行总结点评。

12月16日

我校教导处副主任于莉同志、心理咨询中心齐芬老师和教导员王志鹏参加了中国教育学会学校教育心理学分会和东北师范大学青少年生涯教育研究中心主办的“2015年学生发展指导高端论坛”。本次论坛同时举办“2015年生涯发展指导优秀课例大赛”，我校齐芬老师的录像课《沟通在于理解》荣获一等奖。

12月18日

哈佛一麻省理工数学锦标赛圆满结束，济南市代表队综合成绩在全球134支参赛队中名列第17位，取得了济南市代表队参赛以来的历史最好成绩。我校杜世杰、刘钰琦、张耕瑞、姜子青、张诗翎等5名同学入选济南市代表队，是本届济南市代表队的核心班底。在个人竞赛项目中，刘钰琦获得全球第13名的好成绩；张耕瑞获得了全球第34名。

我校召开中层以上干部会议，传达市教育局领导干部会议精神，学习省委常委、市委书记王文涛同志在市委10届9次全体会议上的讲话。

12月21日

在全国第3届未成年人思想道德建设先进工作者评选中，我校张宏刚被中央文明委评为“全国未成年人思想道德建设先进工作者”。本次评选全国共有100名同志获此殊荣，其中山东有4人。他编写了我校首册法制教育读本《实验学子法律修养读本》，所承担撰写的《高中推行学长制的实践探究》被教育部评为基础教育国家级教学成果一等奖。

我校举行“清华学长报告会”，我校2005届毕业生、清华大学王刚学长畅谈自己的人生经历、学习技巧，为高二同学奉献了一场精彩的报告会，我校政教处主任张宏刚作了总结讲话。清华学长报告会的举行，从精神上激发了同学们坚定信念，努力学习的动力，使每一位在场同学受益匪浅。

12月28日

我校兰亭书社在首届中华学子青春国学萃活动中，被评为“全国优秀中学生国学社团”。

12月30日

高二35班周沫同学的父母来到何庆利副校长的办公室，送来一封感谢信和3面锦旗，表达他们对学校、老师和同学们在危机时刻对孩子的及时救助。

2016年

1月4日

我校美术教研组林伟老师参加了经省委、省政府批准设立的全省文艺界最高规格的政府奖——“泰山文艺奖”的评比活动，其创作的烙画作品《乡情系列》获得泰山文艺奖民间文艺类三等奖。

1月6日

2016 新年联欢会在礼堂举办，此次活动也是我校 2015（班级）文化艺术节的收官之作。

1月11日

山东省教育厅公布山东省第 5 届中小学生艺术展演成绩，我校艺术团小合唱《At the milonga》获声乐类中学组一等奖；小合奏《茉莉花》获器乐类中学组一等奖；群舞《相和歌》获舞蹈类中学组二等奖。

1月12日

我校在教学楼 1 楼多媒体教室举行爱心社启动仪式。仪式由学生会主席王怡轩主持，何庆利副校长、崔乐俊副主任出席启动仪式。

市教育局、市总工会联合开展全市中小学青年教师教学技能（课堂教学德育渗透）竞赛。我校参评的 21 件作品全部获奖，其中陈鑫、耿苗苗等 13 位教师获得一等奖；汪进华、张民等 8 位教师获得二等奖。

1月15日

第 3 批山东省德耀齐鲁道德示范基地命名表彰大会在山东大厦隆重举行。我校被授予“山东省德耀齐鲁道德示范基地”荣誉称号，韩相河校长代表学校上台领奖，政教处李丽主任被授予“山东省德耀齐鲁道德公民”称号。

1月19日

市教育局、市总工会联合举办了全市中小学青年教师教学技能（微课程）竞赛，决定对在2015年度竞赛中成绩特别突出的老师予以表彰，我校何娟老师被市总工会授予“五一劳动奖章”。

市教育局公布2015年度学校安全教育优质课评比活动获奖名单，我校刘婷婷、李德亮老师分别获得一等奖第一、二名。李庆峰、任兴华老师分别获得二等奖。

1月20日

中央电化教育馆公布了最新年度部级优课名单，我校李明明、毕金芳、周迎峰、王璐、张永花、王学红、辛丽等7名教师的课程入选部级优课，入选数量居全省首位。

我校高二37班学生刘方正荣获山东省第5届中小学艺术展演高中组书法类一等奖。全省共有9人获此殊荣，刘方正同学也是济南高中组唯一获此奖项的同学。

全省学生军训优秀活动案例评选活动中，我校报送的《军训——开启实验学子成长新篇章》被山东省教育厅评为一等奖。

1月24日

我校高二34班吴亚霖同学荣获山东省第2届“国学小名士”经典诵读电视大赛“国学小名士”经典诵读电视大赛冠军。

1月25日

山东省第2届“国学小名士”经典诵读电视大赛在山东广播电视台演播厅落下帷幕。我校高二34班吴亚霖同学荣获本届“国学小名士”经典诵读电视大赛冠军。

1月29日

济南2015年规范汉字（硬笔）书写大赛中，我校教师和学生取得优异成绩，共有49人获奖。其中，崔天然同学荣获特等奖；杨乐缘、张文宇等12人荣获一等奖；李意如、徐涵茜等21人荣获二等奖；党芳茹、李超群等16人荣获三等奖。赵光银老师荣获最佳奖；张兆恒、张宏刚老师荣获一等奖；张允、王雪艳老师荣获二等奖。

2月2日

“华东师大杯”第18届全国新概念作文大赛复赛在上海火热开始。经过3个小时的现场写作，我校4名参赛学生均获得优异成绩。其中朱俊杰、马骁2名同学获得一等奖；张益清、冯浩然2名同学获得二等奖。

济南市教育局下发《关于表彰2015年度济南市教育系统家长满意学校的通报》，我校被授予“2015年度济南市教育系统家长满意学校”称号。2015年末，济南市教育局纪委通过教育社情民意调查中心，以电话形式对各直属和县（市）区所属学校进行了家长满意度调查，我校在调查中成绩优异，获此殊荣。

2月20日

2016全国校园文学采风营暨第14届“叶圣陶杯”冬季决赛在海南岛隆重举办。这是我校学生第1次参加“叶圣陶杯”作文大赛冬季决赛，仅限于高三学生参加。我校高三2班王宇航、高三20班桑小喆荣获决赛一等奖；高三20班王启巍、高三6班陶铎文、高三13班刘淇玉分获决赛二、三等奖的优异成绩。

2月24日

我校高三25班的巨心怡同学收到了国家知识产权局寄来的发明专利证书，她的“利用外界严寒自然成冰的运输冰盒”获审批通过，开启了储冷技术的新探索。

2月26日

第10届国际青少年艺术节暨第8届世界华人艺术节总决赛在香港亚洲国际博览馆举行，我校高二22班高润心同学在百余名民族器乐参赛者中发挥出色并脱颖而出，最终荣获古筝大赛最高奖项——钻石奖。

3月1日

我校承办的第12届“齐鲁风、两岸情”优秀中学生中学文化研学营活动被山东省委台湾工作办公室、省政府台湾事务办公室授予“2015年山东省优秀对台交流项目”。

IAP中小学生综合竞赛暨第8届ICTS综合素质能力竞赛中，省实验中学 13 名同学分获各类奖项。其中逯子豪同学获英语阅读与写作特别金奖；王文昭、王景获英语阅读与写作金奖；李昀琪获汉语阅读与写作金奖；汤兖霖、施敬轩获数学探究与应用金奖。

3月5日

我校启动了“践行雷锋精神、共创文明家园”主题教育活动，并隆重表彰 2015 年度“实验学子楷模”。

3月7日

我校分校区举行第 9 届“科技创新教育月”活动启动仪式。

3月11日

济南市教育局召开 2016 年度宣传法治工作会议，对 20 个教育新闻宣传工作先进集体和十佳教育新媒体发布平台进行了表彰，我校获此双项荣誉。

3月12日

第 31 届济南市青少年科技创新大赛在济南市科技活动中心隆重举行。我校西校区高二 51 班朱家明同学以《计算机用户密码安全性与保护的研究》荣获市赛二等奖；高二 52 班许腾同学以《氨分解制氢中碱金属/碱土金属助剂对复合型镍一铈催化剂影响的研究》也荣获市赛二等奖。

3月13日

哈尔滨工业大学副校长徐晓飞携团访问西校区，并于第一阶梯教室举办了题为“计算机启蒙—认知计算机科学与软件工程”的专题讲座。我校副校长韩相河、钟红军；政教处副主任张兴卫出席讲座。

3月15日

我校第 14 届“实验杯”辩论赛 3 校区联赛本校与西校比赛在西校区第三阶梯教室成功举行。西校区演讲与辩论社社长杨逸凡担任本次大赛的主席。山东大学演讲协会秘书长、演讲部部长、机械工程学院辩论队负责人邵阳老师对本次比赛作了精彩准确的点评。

我校西校区体育节的集体比赛项目——七人八字跳绳和十七人长绳比赛在体育组老师们的精心组织下分别在田径场和空间广场顺利举行。高一高二的同学们在比赛中挑战自我，为各自的班级争光。

3月17日

济南市委常委、宣传部长谭延伟；市委宣传部副部长、市文明办主任彭寿谦及宣传部相关处室领导一行调研我校创建文明校园工作。市教育局党委书记、局长陈东生，教育局各处室以及我校领导陪同调研。调研组参观校园并听取了学校情况介绍。我校副校长钟红军对我校创建文明校园工作作了汇报。

3月28日

我校心理中心温学琦老师在第二多媒体教室成功地组织了一次教师心理工作坊讲座，与东校3个年级的班主任、助理班主任及部分刚入职的青年教师作了一次“动能贵人”文化分享。

2016年济南市中小学生乒乓球联赛在皇亭体校举行，我校派出了9名队员组成的代表队参加了本次比赛。在教练员高兵老师指导下，我校代表队在比赛中团结一心，奋力拼搏，最终包揽了该项赛事的男团、女团、男单和女单4个项目的冠军。

3月29日

我校机器人FTC 1205、FTC 1212两个团队参加了由世界机器人FIRST联盟举办的FIRST科技挑战赛。北京站比赛中，FTC 1205团队赢得了大赛至高荣誉“启迪奖”第2名；FTC 1212队获得大赛二等奖。深圳站比赛中，FTC 1205队在资格赛中取得第4名，FTC 1212队联盟获得大赛季军。

我校分校区召开全体党员大会，学习贯彻上级会议精神，传达2016年度党委工作要点。

3月30日

我校6位同学参加了在河北省举行的2015～2016赛季全国高中生美式辩论联赛春季石家庄地区赛。最终，张煜萱、权威宇同学荣获本次地区赛冠军；张煜萱同学获得“全场最佳辩手”；应元哲、张裕涵同学取得亚军；王心怡、李怡琳同学也打入八强。

3月31日

中央电化教育馆公布了最新年度教育部“一师一优课、一课一名师”活动的“优课”名单，全省高中学段共有156节课获得部级

“优课”，我校有李明明、毕金芳、周迎峰、王璐、张永花、王学红、辛丽 7 名教师成功入选，获奖人数居全省首位。

4 月 6 日

第 14 届 3 校区辩论赛总决赛在我校东校区第二多媒体教室举行。担任本次比赛评委的有家委会常委、山东大学法学院副院长、博士生导师周长军教授，济南市国珩教育学校张国珩校长，教导处副主任丁兆华以及阮桂平、陈琳、王剑雄 3 位老师。

4 月 14 日

济南市第 13 届中小学（班级）文化艺术节评选结果公布，我校选送的 3 个节目 2015 级 14 班混声合唱《Shake The Papaya Down》、2014 级 6 班表演唱《龙的传人》、2014 级 7 班书画表演《1407 群英荟》均获得一等奖，是参赛单位中获得一等奖最多的学校，学校也被评为“优秀组织奖”。

我校 75 名学生组成的 11 支参赛队在教导处副主任于永水的带领下征战国际青少年创新设计大赛。最终，我校学子在包括结构、无碳小车、3D 创新设计、服装设计 4 个项目的角逐中，不负众望，勇夺 4 个单项奖、6 个一等奖、4 个二等奖以及优秀组织奖。

4 月 15 日

济南市高三语文教学研讨会在我校西校区艺术楼第二多媒体教室举行。济南市教研院万福成老师；市内各兄弟学校的领导和老师以及西校语文组的全体教师参加了此次教研活动。我校高三语文组邵山老师展示作文课《将论证引向深入》；万福成老师作了主题为《50 天：我们还能做什么》的讲座。

4 月 18 日

2015～2016 赛季中国高中生美式辩论联赛济南赛区的比赛在我校举行。这是我校第二次承办济南地区赛，最终，来自我校的张洽闻、任世玉同学捧走了冠军奖杯，张洽闻同学获得了“最佳辩手”荣誉称号。我校有 10 组选手杀进 16 强，创造了最佳成绩。

4 月 21 日

我校 2 支 FTC 机器人队伍继 3 月份北京站、深圳站取得优异成绩后，又在重庆赛区取得佳绩。其中，FTC 1212 代表队荣获重庆赛冠军联盟队长，我方联盟创下全国单场新纪录。FTC 1205 代表队荣获本次赛区一等奖。

第 31 届山东省青少年科技创新大赛在山东省临沂市闭幕，我校张荦嘉、胡凌翔、李善勇、彭勃、郭秋雨、崔子宜、杭雨潇 7 名同学获得大赛一等奖，其中张荦嘉、胡凌翔、崔子宜、杭雨潇 4 人被推荐参加全国比赛，我校成绩位列全省第一。

4月25日

“2016 齐鲁阅读季”活动在省内首家“全民阅读活动基地”山东书城启动。我校被评为山东省首届全民阅读活动示范单位，副校长钟红军参加活动并领奖。据悉山东省共有 2 个单位获此殊荣。

4月29日

AMC 美国数学竞赛济南赛区组委会发来喜报，祝贺我校学生在济南赛区比赛中表现优异并有多人获奖。候恩则、陈睿哲、刘钰琦、张安泰、曲胜、王梓瑞、姜子青 7 名同学在 AMC12 比赛中，成绩进入全球前 5%。这 7 位同学全部获得 AIME（美国高中数学邀请赛）的参赛资格。

5月2日

在北京举行的全国中学生地理奥林匹克竞赛附加赛中，我校刘开元同学成功入选国家队，即将与另外 3 名同学一起出征第 13 届国际地理奥林匹克竞赛。

5月3日

为了纪念“五三惨案”88 周年，进一步提高广大师生的防空防灾意识，掌握应对突发事件情况下应急疏散避险自救知识和能力，我校举行防空防灾应急疏散演练活动。

5月16日

“致敬青春，筑梦中国”第 8 届红五月朗诵会在东校礼堂举行。市教育局体卫艺处处长高洪波、山东卫视新闻联播主播毛馨、山东广播电视台生活频道主持人朱文超、我校副校长何庆利以及部分学生家长和学校中层干部参加本次活动。

5月21日

我校副校长韩相河受邀前往中国科学技术大学参加“郭沫若奖学金”颁奖典礼，亲自见证了我校2012届优秀学子王昊、谢雨佳的受奖仪式，并接受了中国科学技术大学万立骏校长授予的喜报。两位同学的高中班主任郭尚民、谭静老师也受邀观礼。

5月22日

全国青少年校园青春健身操大赛（济南赛区）在济南九中隆重举行。实验中学学生代表队在政教处副主任张志永，教练员蔡晶晶、杨镇老师的带领下参加了比赛，最终获得比赛一等奖的好成绩。

5月25日

教育部新闻发言人、教育部办公厅副主任、新闻办主任续梅，以及来自中央媒体采访团的媒体记者在省教育厅办公室副主任、新闻中心主任宋全政；济南市教育局基础教育处副处长方奎明的陪同下，一行20余人来到我校，对学校的德育一体化建设进行现场采访调研。

5月27日

共青团济南市委评选表彰了全市2015年度优秀团组织和个人。其中，我校东校区团委副书记牛文恺获得2015年度“济南市优秀共青团干部”荣誉称号，宫艳老师获得2015年度“济南市志愿者行动优秀个人”荣誉称号，2015级12班路桐洁同学获得2015年度“济南市优秀共青团员”荣誉称号。

5月29日

我校高一、高二共14名学生组成的参赛队在济南市中小学生跳绳比赛中获得团体一等奖。高一42班王裔辰、高二37班韩艺菲两名同学在一带一单摇跳项目中荣获第1名的优异成绩；高二45班邢攸康同学在30秒双摇跳项目中荣获第1名的优异成绩。

5月31日

我校分校区召开党员大会，副校长韩相河主讲了题为《学党章，守规矩，做合格党员》的党课。

6月18日

在济南教育局主办的济南市中小学毽球比赛中，我校荣获比赛一等奖，其中2个单项第1名，4个单项第2名，5个单项第3名，参赛队员均获奖。荆红丽老师荣获优秀指导教师奖。

6月23日

槐荫区“学校食堂开放日”活动在我校西校区举行。

6月27日

我校尼山书屋揭牌仪式暨传统文化专家讲座隆重举行。来自中国孔子基金会、中共山东省委对外宣传处、山东友谊出版社、济南市教育局、《中国日报》、《走向世界》杂志社、我校等单位的领导共同为我校尼山书屋揭牌。

7月6日

从中国东方航空集团传来喜讯，我校有9名同学已被中国民用航空飞行学院录取，为东方航空集团定向培养，成为山东省2016年首批高校录取学生。

7月13日

济南市教育局党委对实验中学领导班子进行调整。韩相河任我校校长、党委书记（正处级，试用期一年）；林宝磊任我校副校长（副处级，试用期一年）；陆彩霞任济南西城实验中学校长（正处级，试用期一年），不再担任我校副校长职务；张忠军任济南西城实验中学党总支副书记；张宏刚任济南西城实验中学副校长（副处级，试用期一年）；刘庆华任我校东校副校长（副处级，试用期一年）；王品木不再担任我校党委书记职务。以上同志任免职务时间自2016年6月23日市教育局党委决定之日起计算。

7月18日

由国家体育总局、教育部联合主办，中国田径协会、中国中学生体育协会承办的2016年全国体育项目传统学校田径联赛在河北迁安举行。我校派出运动员在教练员林欣兰、吴茂芹带领下参加了比赛，勇获团体总分第1名的好成绩。

山东省教育招生考试院公布我省综合评价招生录取结果，全省共629人通过综合评价招生被相关高校录取，我校31人被录取，人数居全省首位。

7月28日

我校63名学生组成的队伍于近日赴京参加第12届全国“希望杯”作文大赛总决赛，本次大赛由中国当代语文教学专业委员会主办。我校学生最终夺得佳绩，共有特等奖5人，一等奖25人，二等奖33人，并凭此优异的成绩获得了“优秀组织奖”的荣誉。

8月3日

我校学生29人于近日在京参加了第14届“叶圣陶杯”全国中学生新作文大赛决赛，最终获得特等奖1名，一等奖11名，二等奖16名。我校同时也获得“全国新课程写作教学示范校”荣誉称号。

我校57名同学于近日赴京参加了第9届全国“文心雕龙杯”写作大赛总决赛，最终有1人获得特等奖，18人获一等奖，30人获得二等奖，7人获得三等奖。我校也因表现突出获得“优秀集体”奖项。

8月19日

第31届全国青少年科技创新大赛在上海隆重落下帷幕，我校张荦嘉、胡凌翔2位参赛选手由石磊老师带队参加了本届比赛，最终收获1枚银牌和1枚铜牌。这也是山东代表队在本届大赛中取得的最好成绩。

8月22日

第13届国际地理奥林匹克竞赛在北京顺利闭幕。中国代表队4名选手获得三银一铜的优异成绩，创中国队历届国际地理奥赛最好成绩。其中，我校2014级33班刘开元同学喜获银牌，平中国历届最佳成绩。地理组教师元杰荣获“优秀指导教师”荣誉称号。

8月25日

在第9届“文心雕龙杯”全国中小学校园文学艺术大赛决赛中，我校代表队首次参加才艺决赛并取得佳绩。李翰明、刘浩雨同学获得才艺组一等奖并被授予“全国校园小艺术家”称号，张轩、孙志恒和张思逸三位同学获得才艺组二等奖，赵婧彤获“才艺组三等奖”。同时，我校被评为“全国校园文学艺术教育示范单位”，李满和张允老师获“模范教师”称号。

8月29日

我校在东校区大礼堂隆重召开全体教职工新学年大会。

8月31日

第3届全国中学生模拟联合国大会在石家庄落下帷幕。我校代表团取得优异成绩，其中李蒲士同学获得“荣誉提名奖”；李智龙同学获得“最佳文件写作奖”；我校高爱丽老师荣获“优秀指导教师奖”。

9月5日

我校分校区举办2016～2017学年开学典礼。

9月12日

由共青团中央、全国学联主办，共青团广东省委、广东省学联承办的2016年秋季新学期全国大中学生培育和践行社会主义核心价值观主题宣传月启动仪式暨全国中学生志愿服务示范学校创建单位发布活动在广州举行，我校入选首批全国50所中学生志愿服务示范学校创建单位，为济南市唯一入选单位。

9月13日

在济南市市委宣传部、市文明办、市教育局、团市委、市妇联、济南广播电视台联合举办的2016年度济南市“国学小名士”经典诵读电视大赛中，我校衣诺、张鑫哲、王晶、王一涵等12名同学荣获2016年度济南市“国学小名士”称号。其中衣诺、张鑫哲在决赛中表现突出，分别荣获“笃学小名士”和“尚德小名士”荣誉称号，并代表济南参加山东省第3届“国学小名士”经典诵读电视大赛。我校荣获2016年度济南市“国学小名士”经典诵读电视大赛优秀组织奖。

9月18日

在济南市语委办组织的第2届“挥毫写经典，墨香飘泉城”规范汉字书写比赛中，我校有16名同学获奖。其中李翰明、李昊泽、李翰明、魏骁卓等同学获得一等奖；宋星明、邵小芙、董悠然、楚孟辉、于沛涵、王芳宇、于家瀛等获得二等奖；魏骁睿、董冰、谢宗霖、顾屹、白书玮等同学获得优秀奖。我校因成绩突出，获得优秀组织奖。

9月19日

IAP中小学生学业素质能力竞赛全国总决赛在京闭幕，我校取得了优异成绩，有41名同学分获各类奖项。桑田、颜澍容同学分获英语笔试、口语特别金奖；任馨宇、施敬轩双双获得英语笔试金奖；其中雷婧琪、徐宁辰同学分获语文和数学金奖。

9月23日

我校校长、党委书记韩相河同志应邀参加了中国教育学会高中教育专业委员会2016年高中教育发展论坛，并在专题研讨环节作了主题发言。

9月24日

中国教育学会高中教育专业委员会2016年高中教育发展论坛在枣庄三中举行。来自全国的教育专家、学者、校长就“核心素养与高中教育的变革”这一主题进行了探讨和交流。我校校长韩相河同志应邀参加了此次论坛，并在专题研讨环节作了《基于核心素养的高中教师专业发展有效途径和方式的新思考》主题发言。

10月1日

我校举行68年校庆青年教师教育教学风采展示活动，共同推出了18节优秀青年教师的展示课。来自市直高中及省内其他地市的同仁们，市教研院的领导们均观摩、指导了不同学科的课堂教学。

“美哉实验·美哉东校”校园系列美展第一季“美术教师优秀作品展”于近日在东校教学综合楼1楼大厅隆重开幕。

10月6日

2016年国际太空城市设计大赛中国区决赛近日在京落幕。我校6名同学组成的代表队参加了此次比赛，最终赢得大赛金奖。其中，王泽宇同学获得最佳答辩选手奖。这是我校第2次参加国际太空城市设计大赛并蝉联冠军。

10月11日

“华东六省一市”物理教学专业委员会2016年年会在山东泰安成功召开。我校物理教研组张志永老师作为山东省的代表参加了优质课评比活动，经大会评委评定，最终荣获一等奖。

10月13日

在山东省教育科学研究院主办的首届“山东教育出版杯”山东省教师发展论坛暨山东省教师发展研究示范（研修）基地工作启动会上，我校被授予“山东省教师发展研究示范基地”的称号并在论坛上作了典型发言。

第二届ICAN青少年创新创意大赛决赛在北京亦庄国际会展中心顺利闭幕。来自全国各地的68支青少年代表队经过激烈角逐和精彩展示，5支队伍荣获一等奖。我校6名同学在孙放老师带领下挺进决赛并分获一、二等奖。

由天津音乐学院李凤云古琴传习室李秋霞老师和我校语文组李鸿杰老师合作开发的《琴歌——中国古代琴曲与文学》校本课程正式开课，韩相河校长为李秋霞老师颁发聘书，教导处丁兆华主任观摩了第一课。

10月15日

经济南市教育局党委批准，我校在本校6楼会议厅召开党员大会，选举新一届中共党委领导班子，刘允锋、刘庆华、何庆利、林宝磊、韩相河当选中国共产党山东省实验中学新一届委员会委员，韩相河当选中国共产党山东省实验中学新一届委员会书记。

10月18日

日本和歌山那贺高等学校师生代表团一行11人在副校长味村昌彦、数学老师江川未纱、汉语老师志贺桂子带领下，对我校进行了第7次友好访问。

10月23日

我校高二学生毛家兴在山东省机器人大赛中荣获创客项目比赛一等奖。

10月24日

2016～2017赛季中国高中生美式辩论联赛（NHSDLC）济南赛区的比赛在我校成功举行。这是我校第3次承办济南地区赛，我校张晓宇同学获得“最佳辩手”第2名。

10月25日

在第15届全国创新英语大赛中我校5位学生获全国一等奖；8位学生获全国二等奖；4位学生获全国三等奖；另有54位学生分获华北赛区一、二、三等奖。尤其是庞晗同学，凭借其扎实的基本功，突出的英语听说读写综合能力，成功跻身全国前十强；高文涵同学成功跻身全国前50强。

10月27日

经济南市教育局党委批准，济南西城实验中学（西校区）党总支正式成立。经大会投票表决，选举张忠军、钟红军、张宏刚、董钊、王怀方同志为党总支委员，选举张忠军同志为党总支副书记。

10月29日

中国教育学会历史教育专业委员会2016年学术年会在历史文化名城安阳举行。本次会议圆满完成了全国历史优质课的评选和展示。我校历史教师任杰代表学校参加本次评选，最终荣获全国优质课一等奖。

11月1日

德国巴伐利亚州奥格斯堡市霍尔拜因中学师生代表团一行22人在德雷克塞尔·汉内洛蕾玛丽亚、冯克·沃夫岗和瑙曼·克里斯汀3位老师的带领下，对我校进行了为期6天的友好交流访问，这已是该校第6次来访。

11月4日

济南市第12届中小学（班级）合唱节11月4日在济南市艺术中学举行，我校高一33班、高二35班作为推荐和选调班级参加了比赛。

共青团中央、教育部联合召开全国中学共青团工作改革电视电话会议，共青团中央书记处第一书记秦宜智、教育部副部长李晓红出席会议并讲话，我校校长、党委书记韩相河作为全国唯一的中学校长代表，在会上作了典型经验介绍。全国共有5万多人在北京主会场和各省级、地市级分会场参加会议。会前，共青团中央、教育部联合下发了《中学共青团改革实施方案》，对中学共青团改革进行了明确部署。

台湾私立静心中小学校长唐尚智一行3人在济南市台办张良通

处长带领下，到我校进行了考察和访问。唐尚智校长此次大陆之行是参加“齐鲁风，两岸情”第13届台湾优秀中学生中华文化研习营的相关活动，并专程来我校参观交流。

11月9日

我校开展了“119消防宣传日”系列活动，“消除火灾隐患、共建平安家校”，进一步增强师生的消防安全意识。

我校荣获山东省公安消防总队授予的“全省消防进军训”工作先进单位称号。

山东省暨济南市“119”消防宣传月和千场电影巡演启动仪上，我校荣获山东省公安消防总队授予的全省“消防进军训”工作先进单位称号。

11月13日

在第20届全国教育教学信息化交流展示活动中，我校沈明、邓珍老师制作的课件以及高兴老师的课例在4589件作品中脱颖而出，均获得全国决赛一等奖。

11月21日

新加坡淡滨尼初级学院师生代表团一行27人，在该校于佩玲主任、陈志文老师、白韵诗老师的带领下，对我校进行友好访问，这是该校第7次访问我校。

11月22日

我校分校区召开党支部会议，组织全体教职工党员认真学习党的十八届六中全会精神。

11月28日

第14届全国高中信息技术与教学融合优质课大赛于昆明举行，来自全国的300多名教师分别进行了不同课型的展示。我校阮宝玲老师作为山东省教师代表参加本次活动，最终荣获微课课型一等奖。

11月29日

第30届全国化学奥赛决赛暨冬令营在湖南长沙如期举行。我校学生周易凡由于初赛和省队选拔成绩优秀，入选山东省队并参加了比赛，最终获得金牌。

11月30日

全国普通高中数学优质课观摩与评比活动在福州举行，我校数学组何娟老师荣获全国优质课一等奖，范雪岩、王璐老师凭借出色的表现荣获全国优质课二等奖。

12月4日

我校分校区举行“国旗下讲宪法”主题活动，弘扬宪法精神，构建平安校园。

12月5日

济南市教育局德育品牌创建计划启动与“学长制”推介会在我校举行。省实验中学副校长何庆利向与会人员详细展示了学长制的实施过程，学长代表也与会人员畅谈了作为学长的经历和感受。“学长制”由此成为济南市第一张德育名片，并将在全市中小学校推广实施。

12月6日

由新浪网、微博、新浪山东联合主办的“2016年度山东教育新媒体官方平台”评选活动揭晓，我校网站获得“山东高级中学优秀官方网站”荣誉称号。

在青岛大学承办的一年一度的高中与高校对接峰会上，我校当选为“最受高校欢迎高中”，山东省有25所高中获此殊荣。

12月12日

“美哉实验，美哉东校”校园系列美展第二季师生烙画精品展在东校教学综合楼1楼大厅拉开序幕。

我校举行创建“全国中学生志愿服务示范学校”启动仪式。副校长何庆利作动员讲话，学生团总支书记郭玥雯同学宣读倡议书。

我校国际部30名高一DI社团成员，组成5支队伍，参加了在河北省廊坊市举行的第11届DI创新思维中国区总决赛。我校代表队作为山东省唯一一支高中代表队，取得1个全国二等奖、4个全国三等奖、2个特别奖——探索精神奖与文艺复兴奖的好成绩。有2支队伍获得参加全球总决赛的资格。

12月13日

由济南日报主办的“致敬·公益”2016济南日报慈善晚会隆重

举行。在颁奖仪式上，我校高惠燕老师获颁“泉城公益杰出人物”荣誉称号。该活动旨在传承中华民族扶难济困美德，弘扬公益社会风尚，号召更多爱心人士投身公益事业，进一步增强全民慈善意识。

市教育局纪委公布了全市教育系统党风廉洁科研课题评选结果，省实验中学韩相河校长主持的课题《发挥优秀传统文化感染力、打造学校廉洁文化品牌的实践研究》荣获一等奖。

12月16日

第14届“实验杯”辩论赛东校区决赛在第二多媒体举行。

12月17日

我校第10届班主任工作研讨会在本校区实验楼会议厅举行，我校校长、党委书记韩相河等学校全体领导班子、3校区全体班主任、心理教师及35岁以下青年青年教师参加了会议。研讨会由副校长何庆利主持。

12月27日

我校9届3次教职工代表大会在本校区报告厅召开。全体代表认真听取和审议了韩相河校长代表大会主席团所作的2016年工作报告、何庆利副校长作的关于学校章程修订的说明、刘允锋、张忠军副校长作的学校2016年度学校财务报告及工会年度财务报告，并通过了决议，圆满完成了大会的各项议程。

12月28日

我校李哲老师作为济南市推荐的选手参加了山东省高中心理健康教育德育优秀课例展评活动，最终荣获山东省一等奖第1名的优异成绩。

12月29日

2017年元旦联欢会在东校礼堂成功举办。学校党委书记、校长韩相河；副校长何庆利、刘允锋、刘庆华等领导观看了演出。

12月30日

第2届“济南榜样”颁奖典礼在山东大学圣昆仑音乐厅隆重召开。我校马舜喆同学从济南市委宣传部副部长、市文明办主任彭寿谦手中接过了“荣耀济南榜样”荣誉证书。

2017年

1月4日

我校被授予“2016年度济南市教育系统家长满意学校”称号。此前，市教育局纪委通过教育社情民意调查中心，以电话形式对各直属学校进行了家长满意度调查，我校在调查中成绩优异，故而获此殊荣。

1月9日

市教育局纪委颁布表彰通报，我校被授予“2016年度党风廉政建设工作先进单位”荣誉称号。我校一贯高度重视党风廉政建设，不断强化党风廉政建设主体责任，用严明的制度、严格的执行和严密的监督，形成了党风廉政建设的长效机制。

1月11日

我校2016年度励志奖表彰仪式在实验楼接待室举行，民生银行济南分行公司银行部总经理史昱；我校校长、党委书记韩相河等领导出席座谈会并与学生亲切交谈。在座谈会上，韩相河校长首先对民生银行济南分行员工捐资助学、回报社会的行为表示感谢。

我校杨栋、李润逸同学参加“纪念中意建交45周年·中意青少年文化交流系列活动之2015～2016中意青少年优秀摄影作品展”活动，分获1个银奖和2个铜奖，王玉麟老师获优秀辅导教师奖。

1月12日

在2016年12月22日至24日于邹城市召开的山东省传统文化体验教育首届年会上，我校被评为山东省传统文化体验教育实验学校。我校代表济南市参加了此次年会，并由刘庆华副校长代表学校作了题为《引领·陪伴·成长——我校在传统文化教育实践探索中的思考》的主题报告。

1月14日

我校被中共济南市委宣传部、济南市司法局和济南市普法办联合表彰，被授予2011～2015年“全市普法依法治理工作先进单位”称号。

1月20日

“2016年济南教育十件大事”新鲜出炉，“我校学长制成济南首张德育名片”成功当选。

2月10日

我校分校区召开了全体教职工大会，传达年度工作计划，迎接新学期的到来。会上，校长、党委书记韩相河向与会教职工传达了《我校2017年度工作计划》。他就提高教师职业道德、提升专业素养、迎接高考改革、塑造德育品牌、完善后勤服务、深化党风廉政建设等方面的工作进行了详细部署。

2月13日

我校分校区举行2016～2017学年度第二学期开学典礼，全体师生以饱满的精神面貌迎接新学期的到来。

2月15日

我校分校区组织学生观看《感动中国2016年度人物颁奖盛典》。

2月21日

实验学子开展寒假社区服务活动，各班同学以小组为单位，走向街头、走进社区，在不同岗位上奉献着自己的爱心。

2月28日

我校分校区召开了全体党员大会，传达2017年度党委工作要点，部署组织生活会和民主评议党员工作。会上，校长、党委书记韩相河首先通报了日前召开的领导班子民主生活会的情况，明确了整改事项和下一步的努力方向。

3月5日

我校隆重表彰2016年度“实验学子楷模”以及志愿服务先进集体和个人。

3月6日

我校被教育部授予“全国国防教育特色学校”荣誉称号。

3月7日

我校被山东省体育局、教育厅联合命名的“省级优秀体育传统项目学校”。

3月8日

在济南市教育局召开2017年度宣传法治工作会议，我校荣获“教育新闻宣传工作先进集体”称号。

济南市教研院在我校西校区举行了学科核心素养优秀课例展示交流研讨活动。来自济南市各学校的备课组长、教研组长及我校全体数学教师近200人参加了此次教研活动。我校特级教师、数学组教研组长杨育红老师主持活动。

3月15日

山东师范大学数学与统计学院副教授荐金峰博士《趣味数模，精彩数学》报告会，在实验科苑6楼会议室举行。本次报告会为高一同学们开阔了视野、更新了理念、打开了思路，对数学建模走进高中课堂这一预想起到了积极的推进作用。

3月16日

2017年度中央电视台“希望之星”英语风采大赛海选东校区专场，在我校东校区举行。

3月17日

我校召开中层以上干部会议，举行了党风廉政建设、处室工作及安全工作目标责任书签字仪式。

3月24日

山东教育出版社和济南市教育局主办的“传承雷锋精神，践行中华美德——乔安山同志雷锋精神专场报告会”，在我校隆重举行。

学校西校区党总支对中层干部进行调整。董钊同志，拟任济南西城实验中学总务处主任（正科级）；王怀方同志，拟任济南西城实验中学办公室主任（正科级，试用期1年），不再担任办公室副主任（西校）职务（副科级）；张家鹏同志，拟任济南西城实验中学教导处主任（正科级，试用期 1 年），不再担任教导处副主任（西校）职务（副科级）；张兴卫同志，拟任济南西城实验中学政教处主任（正科级，试用期 1 年），不再担任济南西城实验中学政教处副主任职务（副科级）；李德亮同志，拟任济南西城实验中学组织人事科科长（正科级，试用期 1 年），不再担任济南西城实验中学总务处副主任职务（副科级）；陈鑫同志，拟任济南西城实验中学教导处副主任（副科级，试用期 1 年）；米长艳同志，拟任济南西城实验中学政教处副主任（副科级，试用期 1 年）；徐怀武同志，拟任济南西城实验中学组织人事科副科长（副科级，试用期 1 年）。以上同志的职务聘任时间自 2017 年 3 月 24 日学校党总支研究决定之日起计算。

3 月 28 日

我校举办第 18 届校园体育节。

我校召开全体党员大会，进行党员活动情况通报，同时开展党纪专题学习。根据市教育局统一部署，我校近期围绕“两学一做”学习教育要求，召开了支部委员会、开展了民主评议党员活动。会上，校长、党委书记韩相河对上述活动情况进行了通报。会上大家还集体观看了由市教育局纪委组织制作的《中国共产党纪律处分条例》教育专题片，深入开展党规党纪教育。

3 月 31 日

我校荣获山东省“2017 最具综合实力高级中学”称号。

我校在实验科苑 6 楼礼堂举办了首届清明诗词大会，旨在弘扬传统文化，为清明佳节的到来增添了些许诗情画意。学校校长、党委书记韩相河及部分老师出席了活动。

2017 年度山东中学教育盛典颁奖典礼在济南举行，我校荣获山东省“2017 最具综合实力高级中学”称号。山东教育科学研究院、山东教育学会以及部分高校领导为获奖学校颁发奖牌。我校应邀参加颁奖典礼，副校长刘庆华作为获奖学校代表在典礼上发言。

4 月 5 日

我校邀请“治未病中心”康复理疗师李娟、蔚洪昌等来我校进行健康推广活动，并对教职工亚健康情况进行调研。以“未病先防，防病于先，既病防变，病后防复”的理念为指导，为教师保健提供理论和实践指导。

我校组织部分高一学生前往英雄山革命烈士陵园进行清明节祭扫活动，学校部分领导、老师也一同参加了活动。

我校第2期父母大学课程结业仪式在实验科苑大礼堂举行，校长韩相河、副校长何庆利、我校各处室主任、父母大学主讲教师以及第2期父母大学课程班家长学员300余人参与此次活动，共有274名家长顺利完成课程，并获得结业证书。

4月6日

哈尔滨工业大学（威海）“人格与生涯教育”课题组毕慧玉老师一行，专程赶到我校，为我校进行生涯教育实训基地授牌。一直以来，我校对于学生的生涯指导都给予高度的重视，经过多方面考量，全方位考查，哈尔滨工业大学（威海）人格与生涯教育课题组以其十几年的生涯指导经验，高大上的理论与接地气的生涯咨询辅导脱颖而出，成为我们的合作学校。

4月7日

我校举办体育节之“花样年华”班级特色健身项目展演。

4月8日

美国康州侯萨托尼克谷高中及其联盟学校利奇菲尔德高中师生访问团一行32人访问我校。来自美国的2支学生代表与省实验国际部学生用英语展开了一场激烈而友好的辩论美方辩手纷纷表示，省实验学生口语表达流畅准确、思维推理缜密严谨，完全可以与美国名校高中生比肩。

4月10日

我校第30届学生代表大会在六楼会议厅隆重召开。学校副校长林宝磊；政教处主任、团委书记李丽；政教处副主任、高二级部主任张志永；教导处副主任、高一级部主任于莉；高二副主任梁光胜；高一级部副主任时政华；第29届学生会委员以及239名学生代表出席了大会。会议审议通过了第29届学生会工作报告，选举产生了第30届学生会委员。

4月13日

我校美术教育教学展示课以及“艺术自助餐”展示活动在西校区第二阶梯教室举行。山东省教育教学研究院美术教研员肖钢老师莅临指导；各区县美术教研员及各县市区（市直）学校的美术教师参加了此次教研活动。

4月18日

我校政教处、总务处联合学校医务室、物业、餐厅负责人面向全体卫生委员召开了春季传染病预防及科普培训会议，就如何更好地预防及控制春季传染病进行了认真研讨，并制订出详细的方案。

4月23日

全国普通高中共青团工作联盟成立大会在全国青少年井冈山革命传统教育基地举行，我校成为联盟的首批35个成员单位之一。据悉，该联盟是在团中央学校部指导下，立足共青团改革发展形势，汇聚全国广大普通高中共青团工作者及社会各界力量，搭建的合作平台。旨在探索团建工作新思路和新方法，开展信息沟通、人才培养、资源共享、课题研究，助力青年学生成长成才。

5月1日

我校东校区举办首届清明诗会“翰墨飘香，诗书绽春”优秀书法作品展，杨乐缘、朱钰莹、徐若飞等5名同学获得一等奖；陈明奕、赵诗阳等13名同学获得二等奖。

5月3日

省实验中学举办“济南五三惨案89周年纪念活动”。本次活动作为我校爱国主义主题教育活动中重要的一课，旨在让实验学子能够牢记历史、勿忘国耻，肩负起时代赋予同学们的重任，为实现中华民族伟大复兴的中国梦而努力奋斗。

5月5日

同济大学土木工程学院学生党总支书记严长征为我校高二同学带来一场精彩报告。我校的育人模式以及学生素质受到全国高校的肯定。

5月8日

我校分校区举行“创建文明城市，共建文明校园”主题教育活动。

5月9日

本校区高一、高二年级各班于足球场成功开展了“爱心义卖节”活动。同学们将闲置的物品或一些特色商品带到学校，以班级为单位在校园内出售，吸引了众多师生参与，附近居民也特意来到现场。

5月10日

共青团济南市委下发《2016年度五四系列表彰的决定》，我校团委获“济南市五四红旗团委”荣誉称号。

5月11日

我校召开创建全国文明城市、文明校园动员誓师大会，会议由我校校长、党委书记韩相河主讲，全体教职工参加了大会。

5月15日

本校区第10届“科技创新教育月”活动和第18届“校园体育节暨阳光体育班级联赛”表彰大会隆重举行。政教处副主任张志永宣读了2项活动的表彰名单。本次“科技创新教育月”活动共收到“金点子创意发明”1000余份，科技制作近百件，电脑设计作品200余件。

李哲、丁晓琳两位老师在2016年度国家教育科研优秀论文评选分获一等奖和二等奖。

5月17日

中国青少年运动兴趣培养普及工程在省实验中学田径场举办了以“快乐足球，健康成长”为主题的阳光体育校园嘉年华活动。同学们在课间以及体育课上积极参与其中，在锻炼身体同时，也放松了紧绷的精神，充分享受运动的快乐。

5月19日

“传承经典·砥砺青春·逐梦远航”第9届红五月朗诵会于礼堂成功举行。

5月25日

法国驻华大使馆文化教育合作处“华北高校行代表团”一行10人到访我校。副校长林宝磊介绍了学校教育教学基本情况、育人成果和省实验国际部6年来发展情况，法国驻华大使馆高等教育合作副专员 Mathieu AUSSEIL 先生介绍了法国高等教育的发展情况，双方表达了进一步交流的友好愿望。

我校学生团总支成员在何庆利副校长的带领下，来到东城实验小学，与小朋友们共同开展“大手拉小手”文明共建活动。

5月26日

中国首任航天员大队长申行运莅临我校航空实验班作报告。

6月3日

我校举行2017届高三年级毕业典礼，全校师生汇聚在操场，祝贺又一批实验学子圆满完成了高中学业，并欢送他们踏上新的人生征程。毕业典礼由副校长林宝磊主持。在典礼的最后，学校校长韩相河致祝愿辞，表达对2014级的全体同学高考成功、金榜题名的美好祝愿，希望实验学子把“博学日新，德行天下”的校训留在心中，激励自己走好人生的每一步。

6月8日

我校党委在东校多功能厅组织开展了校级干部上党课活动。活动由副校长何庆利主持。副校长刘庆华担任主讲，与大家一同学习了《关于新形势下党内政治生活的若干准则》。

6月16日

我校高三全体教师及部分高一教师，在实验科苑6层会议厅，聆听了哈工大威海分校毕慧玉老师的《生涯教育通识培训》讲座。本次讲座是我校顺应高考政策要求，积极主动推行高考新课程，并为了更好地服务学生而开展的教师培训计划之一。

6月19日

台北市立第一女子高级中学16位教师，在杨世瑞校长的带领下到我校参观访问。我校校长韩相河、副校长林宝磊、国际部主任张爱梅、政教处主任李丽、教导处副主任丁兆华、国际部副主任季京任等参加了接待活动。

6月20日

我校本校区召开全体党员大会，进行专题党课学习。会议由校长、党委书记韩相河主持。副校长林宝磊围绕《关于新形势下党内政治生活的若干准则》这一重要文件，作了《全面推进从严治党》

的专题报告。他带领党员们学习了《准则》制定的背景、主要内容及其突出特点，让党员们了解了今后组织生活的要求，并结合学校实际，对规范政治生活提出具体规定。

6月21日

东校区30名优秀学子来到山东建筑大学，参加以“透镜——乡村观察期”为主题的山东省大学师生建造设计大赛。此次活动由刘庆华副校长、教导处于永水主任带队。

6月26日

我校邀请到了清华大学、北京大学、中国人民大学、复旦大学、中国科技大学、浙江大学、上海交通大学等80余所全国知名高校齐聚我校本校区，举行了一场专门面向实验学子的招生咨询会。今年实验中学高考成绩突出，吸引了比往年多20余所高校前来咨询会现场，实验中学2017届全体毕业生参加了咨询会，大家在自己向往的高校展位前详细了解该校的招生情况，而前来的高校招生老师也进行了耐心细致的指导。我校西校区14级高三女生吕悦同时获得美国、加拿大5所大学录取资格。

6月27日

我校分校区召开全体党员大会，认真学习贯彻省第11次党代会精神，同时进行了校级优秀共产党员的推选活动。

山东大学2017年山东综合评价资格考生名单进行公示，共有202名考生获得综合评价招生资格，今年该校在山东省综合评价招生计划100人。名单中济南学生共有39名，我校有25位同学榜上有名，其中张治卓同学以92—917分位居理科榜首。

6月30日

我校2017级为期半个月的推荐生夏令营圆满结束。短短十几天时间，提前步入实验的孩子们聆听了校长们与专家教师们的精彩报告，真实地走进了实验的历史，走近了实验的名师。

7月2日

我校于3个校区同时举行“校园开放日”活动。此次开放日活动一方面向社会各界展示省实验中学“实验性”“示范性”的办学特色和突出的办学成果，另一方面为广大应届初中毕业生及家长提供政策咨询等服务。现场气氛热烈，吸引了大批初中生及家长前来参观咨询。

7月4日

2017年北京大学本科生毕业典礼暨学位授予仪式在邱德拔体育馆隆重举行。省实验中学再次受邀，校长、党委书记韩相河代表学校参加观摩了本次毕业典礼暨学位授予仪式。典礼上，省实验2013届优秀毕业生任昶宇作为本届北京大学毕业生代表向韩相河校长敬献了感恩的鲜花。

7月10日

我校分校区召开治理有偿补课工作动员部署大会，传达市教育局专项治理文件精神，安排部署治理教师有偿补课工作。全体教职工参加了会议。会上，3校区全文传达了济南市教育局发布的《关于深入开展“树师德，正师风”活动严肃治理教师有偿补课的通知》。校长、党委书记韩相河作动员讲话。

7月11日

学校《暑假生活指导手册》推出了“文明引领”主题作业，旨在培育和践行社会主义核心价值观，深入开展“爱学习、爱劳动、爱祖国”主题教育，大力弘扬“奉献、友爱、互助、进步”的志愿服务精神，为济南创建全国文明城市和学校创建文明校园做出应有贡献，充分展示实验学子的魅力和风采。

7月19日

按照市教研院课题资源部的要求和部署，省实验中学邀请部分专家对在研7个济南市教育科学“十三五”规划课题进行了开题论证工作。开题论证会在实验楼接待室举行。学校党委书记、校长韩相河出席了会议，并对专家们的精心指导表示由衷的感谢。

7月20日

我校综合教学楼项目主体封顶仪式顺利举行。学校党委书记、校长韩相河；副校长刘允锋、林宝磊以及工程设计、施工、监理、审计相关负责人共同见证了封顶时刻。封顶仪式由总务主任史中惠主持。

8月9日

市委常委、宣传部部长杨峰带队来到省实验中学巡查建立在此的济南市中小学心理健康教育指导中心暨未成年人心理健康辅导站情况。济南市教育局副局长王诚和省实验中学校长韩相河等陪同参加活动。

8月10日

最近几天，我校名师团队的直播课程每天下午四点都会按时出现在学生们的手机客户端，学生无须到校，就可以登录学习省实验中学老师的精品课程。我校利用假期特地为济南市全体学生和家长准备了一道道知识的饕餮大餐。

8月22日

我校召开级部副主任以上全体干部会议，认真学习全市教育系统暑期工作会议精神，力争形成“转变作风，提高效能”的长效机制，力促实现“内涵发展，质量提升”的工作目标。

8月26日

8月26日下午3点，省实验中学本校1000多名高一新生来到校报到。下午1:30，2016级的学长们经过一系列的岗前培训，早已准备就位。他们用自己最美好的笑脸，以朝气阳光的精神面貌来迎接学弟学妹们的到来。

8月27日

我校在田径场隆重举行2017级新生军训开营仪式。学校校长、党委书记韩相河，副校长刘允锋等学校领导及担任军训任务的部队领导出席了开营仪式，仪式由政教处主任李丽主持。

8月29日

我校在东校区大礼堂隆重召开全体教职工新学年大会。会议由西校区校长陆彩霞主持。省实验中学校长、党委书记韩相河传达了学校2017下半年工作计划，对持续开展“教师有偿补课专项治理行动”、迎接新高考改革、培育学生发展核心素养、加快建设“智慧校园”、积极打造德育品牌、大力推进全国文明校园和“领航学校”创建等方面提出了具体要求。

9月2日

本校区2017级新生军训结训汇报表演在田径场举行，承训部队首长及校长、党委书记韩相河，副校长刘允锋、林宝磊等领导观看了汇报表演。结训式由政教处副主任张志永主持。

9月4日

省实验中学本校区在原有学生餐厅的基础上增加为学生配餐的服务，实行“食堂＋配餐”的模式解决午间留校学生午餐问题，这在全市走读的高中学校尚属首家。

我校分校区举行2017～2018学年第一学期开学典礼。

我校开展“悦读泉城”暑期读书征文活动，号召广大实验学子通自主阅读、以文会友、读书征文等活动，感受与书籍结伴、与智慧结缘、与知识同在的阅读幸福，体验生命之美、文学之美和情感之美。共展出学生优秀美术作业和美术老师在教学之余创作的美术精品近30件，包括国画、书法、烙画、素描、速写、剪纸等。

9月8日

省教育厅厅长左敏及省编办、省人社厅、省财政厅相关负责同志，到我校西校区走访慰问我校教师，送来节日的祝福与问候。济南市副市长王桂英、市政府副秘书长韩振国、市教育局局长王品木及市编办、市人社局、市财政局有关同志参加活动。

9月9日

在第33个教师节来临之际，我校全体教师在实验科苑齐聚一堂，召开了以“加强项目推进，争创领航学校，彰显社会担当”为主题的教学年会。全体教师面向国旗进行了庄严而神圣的宣誓仪式。

9月10日

在庆祝第33个教师节之际，省实验中学1957届高三2班部分老校友在实验科苑接待室欢聚一堂，为老师庆祝教师节，同时共叙毕业60年师生情谊和同窗友情。学校党委书记、校长韩相河，57届高三2班班主任胡宏智老师和任课教师代表应祝明老师参加了此次活动。

9月15日

教育部部长陈宝生来我校进行调研，省委副书记、市委书记王文涛陪同。山东省教育厅厅长左敏，市委常委、秘书长蒋晓光，副市长王桂英，市教育局局长王品木以及学校领导韩相河、陆彩霞参加活动。

9月20日

我校民革支部在本校区召开全体党员会议。中共实验中学党委书记、校长韩相河，民革市委组织人事处处长倪秀珍、郭鸣伦，民革济南市市中区许媚主委、老党员李庆胜出席会议并讲话。本次会议由陈雁红主持。

9月26日

我校国际部的国际园里，一场由国际部高二学生精心准备的世界“历史展”（History Fair）如期举行。国际部学生和中方、美方的全体教师参观了此次展览，部分家长也前来参观孩子作品。

9月30日

受德国奥格斯堡霍尔拜恩中学邀请，省实验中学师生访问团一行23人在校团委副书记蔺刚的带领下，赴德进行了校际友好访问交流活动。本次友好交流活动的主题是“水资源的保护，应用与处理”“城市建设与城市建筑的保护”。出访团一行在短短7天的时间里，紧紧围绕着相关活动主题，与霍尔拜恩中学的师生进行全面的沟通与交流。

10月18日

我校党委组织教职工分校区收看了十九大开幕会实况，全体师生高度关注十九大，深入学习十九大报告内容，把思想和行动统一到会议精神上来，把会议精神贯彻落实到具体工作中去，充分发挥基层党组织的先锋模范作用，为打造“有温度的济南教育”、办好人民满意的教育贡献应尽的力量。

山东实验中学西校区举行“感念实验校庆，喜迎十九大，品实验硕果”的活动。

10月21日

由珍·古道尔（北京）环境文化交流中心主办、大千当代艺术中心协办的"2017根与芽日"活动在北京大千当代艺术中心成功举办。我校东校的绿野根与芽活动小组成员受邀出席本次峰会，根与芽北京总部对东校根与芽在2016～2017年度里创办的几次校内外绿色环保活动效果给予肯定，并授予我校根与芽小组年度成就奖。

10月23日

济南市历下区人民检察院未成年人检察科王燕萍科长为西校区高一学生作法制报告会。

10月24日

加拿大列治文市教育局高级顾问（前任局长）理查德·哈德森(Richard Hudson)先生一行3人访问我校。校长韩相河、副校长林宝磊以及教导处、国际部等处室负责人出席了座谈会。韩相河校长介绍了我校的基本情况，提出了与加方列治文市教育局直属学校建立友好学校、增强教师和学生交流的希望。

法国布列塔尼大区圣马洛高中师生一行28人对省实验中学进行了友好访问，这是该校第6次访问实验中学。欢迎仪式在本校区接待室举行，学校领导韩相河校长和林宝磊副校长一起出席了本次活动。韩相河校长致欢迎词，代表学校欢迎法国师生来访，介绍了学校发展的新变化，回顾了两校历次友好交流活动，并祝愿他们这次访问顺利并取得丰硕成果。

10月25日

市教育局纪委书记吴云霞一行到省实验中学调研指导工作，学校领导班子成员以及部分中层以上干部陪同调研。吴云霞同志先后来到东校区和本校区，对省实验的校园环境以及办学情况进行了现场调研。学校党委书记、校长韩相河代表学校党委就学校办学的基本情况以及党风廉政建设的具体工作，向吴云霞同志进行了汇报。

我校阮宝玲老师荣获山东省中小学实验教学说课比赛一等奖。

10月27日

我校和山东歌舞剧院民族乐团共同主办的"盛世颂歌"2017年民族音乐会，暨山东歌舞剧院民族乐团民族音乐进校园活动，在实验中学体育馆成功举行。来自学校艺术团的同学和山东歌舞剧院民族乐团的艺术家们一起为大家献上了一场民族艺术的盛宴。

我校联合济南市群众艺术馆、济南市非物质文化遗产保护中心共同举行“中国梦·非遗行”文化传承基地揭牌仪式。济南市群众艺术馆副馆长、市非物质文化遗产保护中心副主任李梅海，济南市非遗保护部工作人员，我市23个非遗项目的传承人以及我校西校区校长陆彩霞，党总支副书记、副校长张忠军，副校长钟红军出席揭牌仪式，活动由副校长张宏刚主持。

11月3日

我校举行优秀毕业生分享会，邀请了3位优秀毕业生——北京电影学院陈天华、中国传媒大学宋昱明和北京师范大学数媒专业柏自立现身说法，为同学们面对面分享自己独家报考经验及艺考名校面试经验。

11月4日

党的十九大胜利闭幕后，我校制定了一系列举措，以多种形式组织广大师生学习贯彻会议精神，全校上下掀起了学习十九大精神的热潮。学校党委首先进行中心组理论学习，学校党委书记、校长韩相河带领班子成员学习领会党的十九大精神，紧密结合教育工作实际，研究贯彻落实会议精神、加快我校改革发展的具体措施，成立了学习活动领导小组，认真研究制定实施方案，确保这项活动有计划、有组织地推进。

11月7日

我校分校区分支部举行党的十九大报告专题理论学习活动，并传达了市教育局党委书记、局长王品木在学习贯彻党的十九大精神局党委扩大会议上的讲话。支部大会上，各个党支部书记带领党员集体学习领会党的十九大召开的伟大意义，认真学习了十九大报告的主体内容。

学校党委对中层干部进行调整。丁兆华同志聘为我校教导处主任（试用期一年），不再担任我校东校教导处副主任职务；于永水同志聘为我校东校教导处主任（试用期一年），不再担任我校教导处副主任职务；牛文恺同志聘为我校东校团委书记（试用期一年），不再担任我校东校团委副书记职务；蔺刚同志聘为实验中学团委书记（试用期一年），不再担任我校团委副书记职务；王飞同志担任我校东校教导处副主任（试用期一年）。以上同志的职务聘任时间自 2017 年 10 月 9 日学校党委研究决定之日起计算。

11 月 9 日

由“升学在线”与山师大共同举办的“升学在线 2017 高中高校对接峰会（山东）暨山东师范大学高中校长论坛”在山东师范大学千佛山校区举行。来自省内外 60 余所高校代表、120 余所山东省重点高中代表出席了会议，省实验中学副校长林宝磊参加了此次会议。

在 2017 年济南市中小学生国防知识竞赛，我校高一 57 班韩林轩同学荣获特等奖；高一 51 班赵晓军、55 班张文佳同学荣获一等奖；60 班徐文昊同学荣获二等奖。翰林轩同学将代表济南市参加全省的比赛。

11 月 11 日

在广东佛山举办的第 9 届全国地理奥林匹克竞赛中，我校取得 3 金 6 银 4 铜的骄人成绩，位居全国前列。其中，高二 38 班刘宗一同学凭借个人的突出表现脱颖而出，取得比赛第二名。他将与另外两位金奖获得者——隋兆旭、李毅超同学共同入选国家集训队，优胜者有望参加 2018 年在加拿大魁北克举行的第 15 届国际地理奥林匹克竞赛。

11 月 13 日

山东省名师送教专家团一行 22 人走进喀什的四县一市，为当地的广大师生送去了一场生动的教学实践送教活动。省实验中学郭尚民、李辉老师成功入选“高中名师七人组”。

11 月 16 日

山东省高中地理远程研修济南市第 2 期“面对面”培训会在省实验中学召开。会议由市教研院程菊老师主持，济南市 300 余名高中地理教师共同参与到本次教研活动。会议首先由市教研院副院长李勇发言。

11月17日

全国精神文明建设表彰大会在北京举行。中共中央总书记、国家主席、中央军委主席习近平在人民大会堂亲切会见参加大会的向全体代表，勉励他们再接再厉，在社会主义精神文明建设中再立新功、作出表率。我校校长、党委书记韩相河作为山东省“全国文明校园”的代表参加了会议，受到习总书记接见。

11月18日

由济南市教育局主办的济南市第4届青少年毽球锦标赛在济南商贸学校体育馆隆重举行。我校毽球代表队在教练员荆红丽老师的带领下，我校荣获体育道德风尚奖，荣获女子三人轮踢赛冠军、网毽女子三人赛季军、网毽男子三人赛第4名、个人计数和男子三人轮踢第6名、个人计数和女子三人轮踢第7名、男子三人轮踢第8名。

11月20日

中国科学技术大学招生就业处副处长胡芃博士、中组部第6批“青年千人”计划骆天治教授等一行来我校进行招生宣讲和科普讲座。中科大骆天治教授的《力学与生物学的交叉前沿——生物力学》讲座，从什么是生物力学、生物力学研究范围到生物力学研究的重点，为同学们上了一堂精彩的、全新的科普讲座，引起了学生的浓厚兴趣。

11月21日

上海交通大学博士生导师李晁教授一行来到我校作科普讲座。实验科苑第二多媒体教室挤爆了前来听讲座的学生。李晁教授作了同学们极为感兴趣《工业4.0环境下的设计与制造》科普讲座，以智能制造与数字化工厂为切入点，介绍智能设计与制造所需的基本技术和专业背景，以及相关的科研项目，为同学们介绍目前最新颖的科学技术。

中国科学院大学副校长吴岳良院士在我校作了《引力波和引力本质——21世纪基础科学的革命性突破》的专题报告。报告由我校校长、党委书记韩相河主持，济南市教育局副局长王诚、中国科学院大学陈锋主任和我校部分师生参加了此次报告。

11 月 23 日

2017 级家长委员会成立大会在实验楼接待室举行。学校校长、党委书记韩相河、副校长林宝磊、政教处、教导处、国际部、高一级部各位主任参加了会议。家长地的建立旨在增强学校与家庭教育合力，营造更好的育人环境。

11 月 25 日

我校党组织开展“不忘初心，砥砺前行”主题实践活动，赴孟良崮和曲阜进行学习教育考察。

在北京举行的中国教育后勤协会中小学分会年会暨表彰大会上，我校被授予“全国中小学先进后勤学校”称号，副校长刘允锋、张忠军被授予“全国中小学后勤优秀校长”称号，总务处主任史中惠、董钊被授予“全国中小学后勤先进工作者”称号。

我校副校长林宝磊带领部分教师赴广东实验中学，参加了以推进教育教学改革与拔尖创新人才的培养为目标的“拔尖创新人才培养合作联盟”大会，与广东实验中学、石家庄二中、河南省实验中学、华中师大一附中、南昌二中等五所国内知名的重点高中共同签署了协议。

11 月 27 日

在山东省鲁台交流服务中心相关领导的带领下，“青春两岸　科技连心”鲁台青少年交流活动来到东校，台湾新竹忠信学校和桃园成功工商学校与我校师生进行了深入交流。

“落实十九大精神，深化基础教育改革”座谈会在我校举行。山东省委书记刘家义出席并讲话。我校校长、党委书记韩相河在发言中介绍了学校积极学习宣传贯彻党的十九大精神以及落实立德树人根本任务、构建多元化育人模式、打造有温度的教育等做法，并汇报了下一步的打算。

11 月 30 日

我校分校区分支部召开党员大会。会议围绕“增设基层组织纪检干事”“接收正式党员”“发展预备党员”“学习塞罕坝精神”等开展教育活动。

12月4日

我校党委通过中心组理论学习、全体党员专题学习和中层以上干部集体学习等形式，“牢记使命、艰苦创业、绿色发展”的塞罕坝精神。

我校在田径场举行了以“弘扬宪法精神，维护宪法权威”为主题的升旗仪式。

12月7日

为适应新一轮高考改革，满足学生多样化发展的需求，引导我省高中选课走班制度的顺利实施，12月2至4日，山东省教育学会、山东省教育科学院联合召开了山东省首届学生发展指导中心理事单位会议暨学生发展指导学术研讨会。

12月8日

山东省“全国校园足球特色学校”校长培训会在济南举行。会上山东省教育厅以及山东省校园足球发展研究中心联合表彰了2015年至2017年全省3批校园足球特色学校。我校喜获“全国青少年校园足球特色学校”荣誉称号，张宏刚副校长参加此次活动并接受颁奖。

12月9日

“雏凤清声”首届济南市青年书法家协会教学基地成果汇报展在天绘阁美术馆举行，我校教师赵光银的书法作品获得教师组金奖；学生李延杰、赵馨巧的作品分获软硬笔一等奖；曹宏汐，刘子豪、李茜夏的作品分获软硬笔二等奖。

12月12日

第4届实验好声音演唱会在实验科苑6楼礼堂举行。比赛给予同学们一个展示自我的平台，将同学们的兴趣发扬光大，鼓励同学们多方面发展，体现实验学子的良好面貌和多彩风姿。学校副校长林宝磊观看了演出。

12月15日

全国中学生志愿服务工作现场推进会在河北石家庄第二中学召开。共青团中央学校部、教育部基础教育司、团中央青年志愿者行动指导中心、共青团各省委有关领导出席了大会。我校校长、党委书记韩相河也受邀出席了本次大会。我校被授予首批“全国中学生志愿服务示范学校”的荣誉称号，也是济南市唯一一所通过审核验收的学校。

12月17日

由中央电化教育馆主办的第21届全国教育教学信息化大奖赛在北京举行。我校物理组邓珍老师经过省市区电教馆的层层选拔，荣获本次大奖赛基础教育组课例一等奖。

12月18日

2017年新入职青年教师拜师会在学校礼堂举行。校长韩相河、副校长林宝磊、教导处主任丁兆华及高一全体任课教师参加了此次拜师会，会议由教导处副主任于莉主持。

12月19日

我校党委开展了“学习贯彻十九大，党委书记上党课”主题党日活动，校长、党委书记韩相河为全体党员上了题为“学习十九大新党章，做新时代中国特色社会主义思想的践行者”的党课，帮助党员干部深学细悟、把握领会党的十九大精神。

12月20日

我校东校召开全体党员大会，组织开展“学习贯彻十九大”主题党日活动。根据学校党委安排，学校党委委员、副校长何庆利为全体党员教师上了题为“学习十九大新党章，做新时代中国特色社会主义思想的践行者”的党课。

12月22日

山东省基础教育学校发展共同体在省实验中学举行成立仪式，省市教育科学研究院、市教育局、省实验中学以及来自全省各地200余所中小学、幼儿园的负责人参加了会议。

12月26日

“北大培文杯”创意写作大赛优秀生源基地授牌仪式在东校区举行，组委会秘书长黄维政一行来为我校“优秀生源基地”授牌，何庆利副校长代表学校与组委会一行亲切交流，教导处于永于水主任参加了活动。

12月28日

我校获西北农林科技大学“优秀生源基地”称号。

12月29日

我校西校联合山东省京剧院共同举办山东省京剧院“京剧进校园”公益演出暨我校西校京剧专场活动。

12月31日

在教育部全国青少年普法网承办的第二届全国青少年学生法治知识网络大赛上，我校一等奖829人，二等奖1091人，三等奖871人，学校获得“全国杰出组织奖”。

我校代表队获CCTV《极智少年强》节目秋季赛冠军和年度总冠军。3名同学在比赛中既体现了优秀的个人素质和团队合作能力，又展示了实验学子卓越不凡的风采。王彦博同学凭借在年度总决赛中的精彩表现获得年度MVP。

2018年

1月2日

我校黄逸川同学入选济南市“青年演说家”宣讲团成员。

1月8日

在济南全市经济工作暨“四个中心”建设推进大会上，传达了全国精神文明建设工作表彰大会精神，表扬了济南市创建第5届全国文明城市工作先进集体和先进个人。我校在创城工作中表现突出，被授予“创建全国文明城市先进单位”荣誉称号。

1月12日

山东省第5期“中学生科技创新后备人才培养计划”公布结果，我校马礼言、高堃宇、张若珩、薛阳光、韩忆飞、郭昊正、杨昊天、魏心一、王怡然、王本鲁、刘润卓入选。

1月15日

从中国科学院科学教育联盟网站获悉，我校被中国科学院科学教育联盟评选为“中国科学院科学教育联盟支撑服务学校”。

我校聘请部分“业务基本功扎实、师德优秀、作风正派、治学严谨且关注学生发展”的教师，成立“专家教师学情诊断团队”助力学生发展。

1月16日

在2017山东省中小学生校园艺术节舞蹈与器乐大赛上，我校舞蹈队的参赛作品《时间都去哪了》、器乐队的参赛作品《晨曦》双双摘得本次大赛的一等奖。

1月17日

在山东省教育厅、山东省妇女联合会联合组织开展的全省“家庭教育示范基地”遴选活动中，我校被授予2017年“山东省家庭教育示范基地”荣誉称号。

“北大培文杯”创意写作大赛优秀生源基地授牌仪式在东校区举行，组委会秘书长黄维政一行来校授牌。副校长何庆利代表学校与组委会一行亲切交流，向客人们介绍了实验中学的基本情况及作文教学的开展情况。

1月19日

在第16届全国创新英语大赛中，我校学生凭借扎实的英语功底和出色的赛场表现，获得了大赛评审专家组的高度肯定，取得了优异的成绩，其中9位同学荣获全国一等奖，同时有10位同学获全国二等奖，13位同学获全国三等奖，另有75位同学获得华北赛区奖项。我校多名老师获得“专家级辅导老师”“特级辅导老师”及“优秀辅导老师”等称号，

1月20日

在济南市委宣传部、济南市文明办、山东商报联合主办的第3届“济南榜样”颁奖盛典上，我校高级教师高慧燕荣膺“济南榜样”之“公益责任榜样”，高二2班学生孔睿雯荣膺“济南榜样”之“荣耀济南榜样”。

1月25日

青岛市教育局副局长王洪琪，青岛市教研院院长、书记柴清林及青岛市教研院教学中心主任李一等领导来我校考察。济南市教育局副局长方辉、济南市教研院院长吕如浩及学校部分人员参加了会议。

1月26日

第14届国际太空城市设计大赛亚洲半决赛在印度新德里落幕，我校2016级学生姜天翀、李卓群、张晓宇、周泽奇、张沛钊、孙祺、牛新雨、魏宇浩、王肖童、杜昊阳、王子睿、胡文博等12位同学组成的代表队在石磊老师的带领下参加了此次比赛，赢得本届大赛亚军。

2月2日

第20届“语文报杯”全国中学生作文大赛（高三年级组）现场

决赛在山西太原举行，我校 7 名同学入围现场决赛。申凌飞同学荣获国家一等奖，杨晓萌、吕聪艺、窦婧雯、王叶、崔明朔、牛绪雨同学荣获国家二等奖。

济南“最美创城好市民”颁奖仪式在舜耕会堂举行。在市文明办、济南日报报业集团联合发起“最美创城好市民”评选活动中，我校李丽、牛文恺、蔺刚、米常艳、韩海萍 5 位老师因在创城工作中的突出表现，被授予济南“最美创城好市民”荣誉称号。

济南市首届中小学德育与教学品牌表彰暨推介工作会议在济南回民中学召开。我校德育品牌活动实验学子“修身”行动获济南市“中小学德育品牌”荣誉称号，何庆利副校长代表学校领奖。这是省实验中学继“学长制”荣获济南市首张德育名片之后，学校另一德育品牌获此殊荣。

2 月 6 日

2018 春节来临之际，我校校长、党委书记韩相河，副校长何庆利、刘允锋、林宝磊以及工会负责人分校区走访慰问了部分离退休老干部，并送去了慰问品，给老同志们送上了诚挚的关怀和春节的祝福。

2 月 8 日

山东省实验中学党委召开了 2017 年度民主生活会。会议由学校党委书记、校长韩相河主持。济南市教育局党委委员、副局长王诚，办公室主任马新东，宣传法规处处长李艳出席会议。

2 月 9 日

第 16 届“叶圣陶杯”全国中学生新作文大赛冬季现场决赛暨文学特长生冬令营活动在京成功举办。我校吴雨倩、杨羽捷等 2 位同学获得决赛一等奖；康依诺、高宇琪、刘洋、杨雨舜、赵润湉、李若琰等 6 位同学分获二等奖和三等奖。同时，刘洋、杨雨舜、李若琰等 3 位同学积极参与了本次冬令营决赛的诗歌朗诵会，展示了实验学子良好的精神面貌。

2 月 10 日

为了响应“禁燃烟花爆竹，共创文明城市”的号召，我校团委组织学生队伍，宣传“禁燃烟花爆竹”的理念，同时义务送出春联。

2月12日

“三八”国际劳动妇女节期间，我校组织全体教职工观看电影《厉害了，我的国》，进行爱国主义教育活动。

香港中文大学（深圳）山东招生政策发布会在我校举行。香港中文大学（深圳）副校长、院士朱世平，省实验中学校长韩相河及来自全省各地的兄弟学校及招办的领导们，参加了此次发布会。

2月13日

香港中文大学（深圳）副校长朱世平院士为省实验高一年级300多学子举办了《改变未来的智能材料》的专题报告。

2月19日

我校3个校区分别召开高一家长会，解读家长们关心的山东新高考方案。

2月20日

应美国康州侯萨托尼克谷学校与利奇菲尔德学校邀请，我校师生访问团一行23人，赴美进行了校际友好访问交流活动。

应法国圣马洛玻利维兰中学邀请，我校师生访问团一行17人在西校区总务处主任董钊的带领下，赴法国圣马洛玻利维兰中学进行了校际友好访问交流活动。

2月22日

学校领导班子召开新学年第1次会议，集体收看山东省全面展开新旧动能转换重大工程动员电视大会，研究部署2018年重点任务及开学前具体工作。

2月23日

我校国际部高一师生一行30人赴美，圆满完成了为期14天的SAYA（Sino－American Youth Ambassadors）美国游学访问活动。

3月1日

学校召开级部副主任以上干部会，认真学习市教育工作会议和全市教育系统党风廉政建设工作会议精神。干部会紧密围绕2个会议精神，研究部署学校新学年工作。会议由学校党委书记、校长韩相河主持。

3 月 3 日

我校分校区召开新学期全体教职工大会。会议学习党的十九届三中全会精神，公布“2017 年实验教育十件大事”评选结果。党委书记、校长韩相河传达市教育工作会议和全市教育系统党风廉政建设工作会议精神，解读《我校 2018 年工作要点》，结合市教育的要求对 2018 年重点工作进行部署，向全体教职工提出明确要求。

3 月 7 日

在济南市各界妇女纪念“三八”国际妇女节 108 周年大会上，我校物理组荣获“济南市三八红旗集体”称号，受到大会表彰。

3 月 13 日

“新阅杯”全国新概念作文大赛决赛暨颁奖大会在上海举行，我校徐涵茜同学获一等奖。

3 月 14 日

我校本校区数学组举办了“数学嘉年华”活动之——“π 的演说”，以此纪念国际数学节，纪念中国古代数学家祖冲之。

3 月 15 日

我校分校区召开全体党员大会，传达 2018 年度党委工作计划，部署党支部组织生活会和民主评议党员工作。

为进一步了解和学习内地的教育教学新理念，开阔澳门教师的视野，促进山东、澳门两地的教育交流，经中央政府驻澳门联络办公室和山东省教育厅介绍，澳门圣保禄学校教师（史地科）考察团一行 14 人在陈信望代理校长的带领下到访我校。

由北京市海淀区教师进修学校校长罗滨、教育部课程教材中心教学处处长莫景祺、北京师范大学教育学部研究生张茹丹等组成的教育部中小学教育教学改革调研组一行到我校进行调研，济南市教研院院长吕如浩，院长助理田序海，高中历史教研员边海长以及我校校长韩相河、副校长林宝磊、学校部分老师参加调研活动。

3 月 22 日

济南市教育局召开宣传法治工作会议，对 2018 年度工作进行总体部署，同时对20个教育新闻宣传工作先进集体进行了表彰，实验中学荣膺此项荣誉。

我校召开中层以上干部会议，传达市教育局“大学习，大调研，大改进”动员部署会议精神，以“三个专项行动为统领，三个清单为经纬，三项举措为保障”专项部署推动学校“大学习，大调研，大改进”活动。党委书记、校长韩相河主持会议并讲话。

我校第16届“实验杯”辩论赛东本校区对抗赛在东校区成功举行。

3月23日

我校召开中层以上干部会议，举行了党风廉政建设、处室工作及安全工作目标责任书签字仪式。

济南市新《普通高中课程标准》培训会在我校召开。前浙江省教育厅副厅长张绪培为济南市各县区教研室全体教研员、各高中学校分管教学校长、教务主任、教科室主任及部分老师们带来了一场精彩的报告《高中课程方案的主要变化和突破》。济南市教研院院长吕如浩主持了会议，济南市教育局副局长方辉及教研院部分领导出席了会议。

3月24日

省实验中学高二年级韩子訸，张馨彤，刘小楠，黄天舒4名同学策划组织的TEDx活动在济南北洋大戏院成功举办。活动以“时光”为题，将“缅怀过往，把握当下，逐梦未来”作为演讲主旨，邀请了六位演讲嘉宾，与观众分享了自己的故事，带领现场观众在漫漫时光中捡拾美好。

3月25日

由英国皇家化学学会与北京化工大学、英国素质教育发展认证中心（ASDAN）中国办公室联合举办的2017～2018年度“化学新星挑战赛”十强赛上，我校由陶琪元、刘若尘、黄亦菲、米文源4名同学组成的参赛队伍最终斩获银奖。

3月26日

我校本校区隆重举行2017年实验楷模颁奖仪式，钟筱斐、李渊明、孙珂、刘霈祺、胡云舒、权威宇、孔令涛、韩润元、张蕴川、杨鸿垚、李天泽和张晓宇等12名同学在众多的班级楷模中脱颖而出，最终被授予“实验楷模”的荣誉称号。

3月27日

由我校学生组成的6支参赛队伍经过前期层层选拔，分别远赴京、沪参加了中国大智汇（CTB）创新研究全国总决赛。经过2天的激烈角逐，国际部高一25班宋承泽、李圣铠、高昕宇、周岳4位同学组成的OMGMO小队，最终夺得全国一等奖和学术类全国第1名（Best in Category）的好成绩。高一26班江枫、魏宸豪、陈嘉桐3位同学代表的Believers小队在上海会场展现出实验学子的能力气质和社会情怀，夺得“Outstanding Community Impact”（杰出社会影响力）单项奖。

3校区党员认真开展组织生活会和民主评议党员活动。大家一一宣读了各自的对照检查材料，深入查找和纠正“四风”突出问题特别是形式主义、官僚主义新表现，剖析了原因，并提出了下一步的努力方向。以无记名投票方式进行了民主评议党员。

3月28日

在2017至2018年度英国物理奥林匹克竞赛（BPhO）中，我校2016级23班于博彦同学获得全球金奖、中国银奖，2016级24班周士皓同学获得全球银奖、中国铜奖，2015级24班王滋誉同学、1班李鹤洋同学、23班姜天翀获得全球铜奖。

3月30日

在全市精神文明建设工作表彰会议上，表彰了全国、省、市精神文明建设先进集体、先进个人和道德模范。我校校长、党委书记韩相河上台领奖，捧回了首届“全国文明校园”的匾牌。省实验高惠燕老师因入选2017年度“中国好人榜”，当选第6届全市道德模范受到了表彰。我校“天涯海角心连心助读”志愿服务项目荣获2017年度全市最佳志愿服务项目，我校“蒲公英”公益组织荣获2017年度全市最佳志愿服务组织。

4月1日

我校在本校区实验科苑报告厅举行了第2次高三工作会议。会上，东校区教导处主任、高三级部主任于永水分析了学校在济南市模拟考试取得的成绩。然后，数学备课组组长张永花、化学备课组组长王卫平、政治备课组组长李青青分别代表本备课组汇报了各组的二轮备考情况和工作思路，便于科学施策，精准发力，再创高考新辉煌。

第 5 届国际青少年创新设计大赛在北京举行，我校在结构、无人机、服装设计 3 个项目中，斩获 6 个一等奖、4 个二等奖、4 个单项奖，同时学校被授予十佳组织奖。

我校第 16 届“实验杯”辩论赛决赛在西校区成功进行。

4 月 4 日

我校组织高一学生前往英雄山革命公墓进行清明节祭扫活动，部分学校领导、老师也一同参加了活动。

我校国际部举办第 6 届 Science Fair（科技展）。

我校东校隆重举办了第 11 届科技运动会比赛。比赛项目繁多，地点分散在东校教学楼、生态园、餐厅门口等场地，规模宏大，活动多姿多彩。

4 月 8 日

西校区本学期班主任论坛第 2 讲“有情怀才有温度”，由“名优班主任专家团队”成员、特级教师、齐鲁名师时均琪老师主讲。

4 月 9 日

省实验本校区清明诗会在科苑 6 楼礼堂举办，本次活动由我校本校区团委、高二语文组主办，校团总支承办，学校宣传法规科范海沛主任，校团委蔺刚书记、语文组刘信彤老师出席了此次活动。

4 月 10 日

我校携手民进山东省委、民进济南市委、济南教育电视台共同举办“传统文化进校园，携手同心共筑梦”的专题活动，在实验科苑 2 楼多媒体教室举办。本活动是为深入学习宣传贯彻党的十九大精神，坚定文化自信，大力传承发展中华优秀传统文化的专题活动之一。

4 月 12 日

新浪山东“招办进校园”宣传咨询活动在我校分校区举行。

第2届清明诗会在我校东校大礼堂成功举办，活动引起了社会的强烈反响。本届清明诗会包括包括书写心曲、吟诗诵词、翰墨飘香、点睛成佳句、合力成诗章等多项内容。

4月15日

由济南市体育局、教育局、财政局联合举办的2018年济南市“中国体育彩票杯”中小学生羽毛球联赛高中组的比赛于皇亭体育馆落下帷幕，省实验中学“龙腾羽幻”羽毛球社团的高一、高二7名学生组成的羽毛球队，在比赛中夺得高中组混合团体赛冠军。

第3个全民国家安全教育日到来这际，我校积极落实上级部门的相关工作要求，举行了一系列应急疏散演练、主题演讲、主题班会等主题教育活动。

4月16日

我校本校区首届“文会”决赛在实验科苑6楼礼堂举行。本次文会旨在“以文会友”，经过初赛的选拔，功底较为深厚的十几位同学脱颖而出，在决赛中一比高下。本次决赛分知识竞答、题目抢答、双人辩论3个环节，每一环节均采用淘汰制，最终按得分评出奖项。本次活动由政教处、历史组、地理组、政治组及演辨社、春秋社等社团主办。

4月17日

我校举行《宪法修正案》集体理论学习活动，特邀济南市委党校政法教研部马军卫教授在3个校区作《宪法修正案》的专题讲座，共建单位杆石桥街道七一小区社区综合党委的部分党员也应邀参加活动。

4月18日

在济南市疾病预防控制中心召开的结核病防治工作表彰大会上，省实验中学被评为“2017度学校结核病防控先进集体”。

4月22日

由济南市体育局、教育局、财政局联合举办的2018年“中国体育彩票杯”济南市中小学生体育联赛乒乓球高中组比赛于皇亭体育小学举行。我校代表队在教练员高兵老师的带领下，在比赛中蝉联男子团体第一名和男子单打第一名，女子团体第三名和女子单打第三名优异成绩。

在北京举行的第15届国际地理奥林匹克竞赛中国大陆地区选拔赛复赛中，我校隋兆旭、刘宗一2名同学成功入选国家队。国家队共有4名同学组成，我校占据其中一半。他们将于8月初代表中国（北京）参加在加拿大魁北克市举行的第15届国际地理奥林匹克竞赛。

4月23日

山东省实验中学本校区在体育馆举办“庆祝建校70周年”班级文化艺术节合唱比赛。本次比赛特别邀请了山东师范大学音乐学院副院长兼音乐表演系主任、山东省高校中青年学术骨干和学科带头人、山东省第9届政协委员、中国音协会员、中国声乐学会会员黄明水老师，中国音乐家协会会员、中国声乐家协会理事、山东艺术学院副教授、硕士研究生导师魏艳秋老师担任评委。省实验中学党委书记、校长韩相河，副校长林宝磊等领导参加了活动。

4月24日

学生团总支在第三科学报告厅举办《一出戏的诞生》影视戏剧编创专题讲座，邀请著名青年编导、校影视戏剧校本课程外聘专家刘立森老师主讲。

东校“我的学校·我的国”2018年班级合唱比赛在礼堂成功举办，本次合唱节主题为抒发爱国情怀、歌颂青春年华。

4月28日

省实验中学与市中区文化局、杆石桥街道办事处、魏家庄街道办事处、团区委联合举办了“关爱花季，为青春护航”暨绿书签行动宣传活动。省新闻出版广电局副局长谢宁；省新闻出版广电局反非法和违禁出版物处处长刘金祥；市文化执法局局长靳磊、副局长孔光；市教育局副局长王诚；省实验中学副校长刘允锋等出席活动。

在本校田径场为高三学生开展“心动力”智慧训练营活动，本次活动由高三级部、心理中心联合素质拓展基地共同举行。

5月4日

在济南市教育局主办的济南市首届“泉城新青年杯”高中生辩

论赛中，山东省实验中学2队荣获济南市一等奖和优秀组织奖，山东省实验中学1队荣获二等奖。毕冯博、元杰老师荣获优秀指导教师奖。2016级57班周慧敏、2017级43班刘孟坦、2016级9班宋鲁浙、2016级31班姜力菲在比赛中荣获“优秀辩手”。山东省实验中学2队将代表济南市参加山东省高中生辩论赛。

共青团济南市委在龙奥大厦举办纪念五四运动99周年暨“弘扬五四精神，传承红色基因”青春宣讲活动启动仪式。山东省实验中学团委书记蔺刚获得2017年度“济南市优秀共青团干部”荣誉称号。

5月5日

在市直属学校（单位）“校长杯”乒乓球比赛中，山东省实验中学取得优异成绩。由钟红军、高兵、李伟、许仪峰、张帆组成的代表队获混合团体比赛亚军，许仪峰老师获男教职工40岁以下组冠军，张帆老师获女教职工40岁以下组冠军，李伟老师获男教职工40岁以上组第3名。

5月7日

在济南市教育工会举办直属学校（单位）教职工“学习贯彻十九大，争做出彩好职工”演讲比赛。我校宫艳、江丹丹、宋志莹分获一、二、三等奖。

5月12日

山东省基础教育发展共同体普通高中学校论坛在我校举行，本次论坛由山东省教育科学研究院主办，济南市教育教学研究院协办，山东省实验中学承办。围绕《山东省深化高等学校考试招生综合改革试点方案》进行研讨，论坛由山东省实验中学校长、党委书记韩相河主持，山东省教科院党委副书记胡振华出席论坛并讲话，山东省教科院副主任王运贵作总结发言。山东省17地市的教科院或教科研中心主要领导和高中共同体35所高中学校的主要领导参加论坛，山东省实验中学、青岛58中等16所学校领导就“新高考改革背景下高中选课走班实施方案”“新高考改革背景下高中课程建设与学业规划”“新高考改革背景下高中评价体系的构建”“新高考改革背景下导师制实施方案”等话题分享了各自学校的经验。

5月19日

我校 2015 级国际部 70 名同学成人仪式在曲阜孔庙大成殿举行。

5月22日

在全国中学生水科技发明比赛暨斯德哥尔摩青少年水奖中国地区选拔赛中，赵鹏飞、王灿、安浩翔小组的“土地盐碱化治理的花盆模型”荣获科技创新类二等奖；赵娅晨、孙禾的创意改编歌曲《一水嫣然》，获得宣传创意类一等奖。

5月23日

在济南市教育局主办的 2018 年济南市中小学生创客大赛中，我校学生参加的智能创意、机器人跳舞、无人机绕桩飞行三个项目比赛全部获得冠军。

5月28日

英国公立高尔中学校长马克·琼斯一行 4 人访问我校。校长、党委书记韩相河、副校长林宝磊、国际部主任张爱梅、副主任季京仁等出席了欢迎仪式。

我校东校区在礼堂举行庆祝建校 70 周年“盛世筑梦·青春飞扬”——第 10 届红五月朗诵会。

5月29日

我校本校区举办第 8 届爱心义卖节。

5月31日

我校西校区在体育馆举办首届“青春之声”读书节暨迎接建校 70 周年名篇诗文咏诵会。

6月4日

我校高良元老师获通用技术全国优质课评选一等奖。

6月6日

在济南市总工会组织的 2017 年度全市建功立业竞赛和职工技术创新竞赛先进集体和先进个人评选中，我校石磊老师荣获“济南市建功立业先进个人”称号。

我校 2018 年自主招生初审 1045 人次，获山东榜首、全国榜眼。

6月8日

济南市教育局局长王品木视察济南大学城实验高级中学的施工现场。

2017年4月，经济南市教育局同意，成立山东省实验中学教育集团。2018年4月，济南大学城实验高级中学成为山东省实验中学教育集团核心学校。济南大学城实验高级中学，是济南市教育局直属的公办高中，是山东省实验中学教育集团核心学校，是济南市委市政府为促进教育优质均衡发展而倾力打造的一所高起点、高标准、高水平的现代化高级中学，是市委市政府提升省会城市教育首位度、服务驻济高校发展的一项重要工程，是与国内外著名高校联合育人举办大学先导特色课程的实验基地。

6月11日

我校“班主任工作室”成立仪式暨“德育团队提升课程”首次培训会议在东校区图书楼多功能厅举行。

6月13日

山东省法律援助中心联合团省委、山东省律协未成人保护委员会、济南市法律援助中心，在我校东校区举行以“法援青春梦”为主题的法律援助进校园活动启动仪式。

6月15日

“中国卓越高中联盟”在杭州高级中学正式成立，山东省实验中学、杭州高级中学、合肥市第八中学、重庆市第一中学、甘肃省兰州第一中学、贵阳市第一中学、湖北省武汉市第一中学、湖南省长沙市第一中学、南京师范大学附属中学、江西师范大学附属中学、复旦大学附属中学、天津市南开中学等12所国内知名高中一起成为联盟成员学校。副校长刘允锋代表山东省实验中学出席联盟成立仪式。

6月16日

华东师范大学第二附属中学代表团一行28人来我校学习交流。交流团由教务处主任王平带队，高三毕业班教学骨干教师参加。我校副校长林宝磊、教导处主任丁兆华及部分教师参加了交流活动。

我校在中心校区举办2018年国际部中美高中课程实验班招生说明会，国际部副主任季京仁向初中学生和家长们介绍了国际部的办学特色、课程设置、五届毕业生录取情况、首届毕业生的优秀表现、中美课程班独特优势。

6月17日

我校组织高三122名骨干教师赴浙江，进行新高考背景下选课走班模式下的班级管理经验与班级评价方法考察学习活动。

6月19日

济南大学城实验高级中学发布公告，引进优秀高层次教育人才。

我校合唱团获省中小学艺术展演选拔赛济南市中学甲组第1名。

6月21日

在共青团中央学校部、中国语文报刊协会、《语文报》编辑部、《语文教学通讯》编辑部等单位联合举办的第20届“语文报杯”作文大赛决赛中，我校高一9班谭晓彤、高二20班李紫嫣、高二35班冯宇辰、高二36班李文宇获得全国一等奖；高一20班姜毓灵、高一62班杨若彤、高二11班宁馨儿、高二28班陈霁阳、高二37班张萌青获全国二等奖。

我校2018级推荐生科学营圆满结束。

6月22日

我校综合评价招生初审通过802人次，位居全省首位。其中浙江大学16人，占全省总数的10.7%，山东大学155人，哈尔滨工业大学（威海）137，山东财经大学263人，青岛大学60人，山东师范大学67人，均排名各校首位。

6月26日

美国友城萨克拉门托市青少年友好大使代表团访问我校。

6月28日

我校各校区党支部组织开展“三照三转三改三推”专题组织生活会。

7月1日

我校（教育集团）四校区举行校园开放日活动，全面展示学校在素质教育、课程改革、学生思想道德建设、教师素质提升、校园文化建设等方面的取得的成果。就广大考生及家长关心的教育均衡发展、教育教学质量、中考招生等热点问题进行现场答疑。

7月7日

我校被市教育局授予“2017年度工作先进单位”称号。

7月10日

我校分校区召开全体教职工会议，布置暑期工作，部署治理教师有偿补课专项工作。

我校教师应邀赴济南市实验初中、十四中与师生进行交流。语文教师李鸿杰，数学教师龚洪戈、王金勇，物理教师李斌、孟庆鹏应邀来到济南实验初中；语文教师史立新、数学教师王金勇、英语教师吴维亮、物理教师张海应邀来到济南十四中，就初高中内容的衔接、初中生如何准备推荐生测试等进行交流。

7月11日

我校举办庆祝建校70周年第9届服装设计暨模特大赛，团市委学校部部长赵悌伟，山东工艺美术学院服装学院副院长、副教授李杰，济南市教育局体卫艺处副调研员于召学，济南第三职业中专副校长李新参加活动。

我校印发《暑假课程指导手册》，手册包括基于学科核心素养的“学科类作业课程”、基于“互联网＋”的“网络直播课程”及可供自主选择的“阅读写作类课程”“艺术素养类课程”“实践类课程”“实验传统类课程”以及“公民素养类课程”组成。引领学生更好地谋划假期学业，参加职业体验。

济南市教育局组织开展“探营大学城实验高中媒体行”活动，省市级电视台、纸媒、网媒等20家媒体参加了此次活动，全面细致深入探访了学校的方方面面。

7月12日

我校组织开展“名师面对面——义教助学讲座”活动。化学特级教师刘沂珍；物理组张颂；生物组徐颖；数学组王学红、郭红星、孙颜；政治组顾静；历史组张加泉；地理组郭文莉；教导处侯成刚老师分别为开展了义教讲座。

7月13日

由张景瑞、刘洪闯、刘圣森、范铭业、魏思翰、董纪龙6位同学组成，曲希跃老师担任领队的我校无人机东拓队（IC中国代表队），在美国哈佛大学参加国际青少年创新设计大赛荣获冠军，成为该赛题举办以来夺得冠军的首支中国队伍。

7月14日

我校与山东科技报社、山东大学等单位联合举办的首届“海右论坛暨国际中学生会议”在我校举行，此次论坛以“地域文化传承与时代科技创新”为主题，山东大学博士生导师、国家杰出青年基金获得者、教育部“长江学者”高成江教授进行主旨演讲。山东省青少年科技活动中心副主任周宁，山东大学历史文化学院副院长王芬，山东大学数学院英才计划导师张天德，济南市教育局副局长王诚，山东省实验中学校长、党委书记韩相河，副校长刘允锋、林宝磊，以及山东省实验中学家长委员会主任委员韩波、山东科技报社社长韩伟等领导和嘉宾参加了今天的开幕仪式。林宝磊副校长和实验中学学生韩子訸主持开幕式。山东省实验中学的友好学校——法国圣马洛高中校长助理雷诺·维吉妮女士也带来主题为“圣马洛城的昨天与今天”的讲话，来自法国圣马洛高中和国内多所知名高中的近百名学生参加论坛。

山东省实验中学首届航空实验班表彰大会在西校区举行，会上首届航空实验班学生从空军领导和济南市教育局副局长方辉手中接过了空军航空大学的录取通知书。在2018年高考中，山东省实验中学首届航空实验班的成绩在全国16所航空实验学校中居于领先地位，共有44位同学实现了飞上蓝天的梦想。

7月15日

我校组织2017级高一近2000名学生，到14个学校定点实践基地参加了行业体验类综合社会实践活动。学和们分别到银广购物广场、山东省科技馆、山东省博物馆、山东省图书馆、泉城路新华书店、花园路新华书店、趵突泉景区、济南战役纪念馆、济南市图书馆、山东书城、济南市法律援助中心、山东省防震减灾科技园、济南市美术馆和济南市文化馆，体验不同的岗位。

7 月 17 日

我校学生代表来到济阳县柳家村，开展“大手拉小手”爱心公益活动。10 名学生把全校师生在“2018 年度爱心义卖节”上的义卖款用于购买爱心物品、提供助学金，和柳家村儿童一同分享。通过学生与当地儿童建立结对帮扶、赠送学习用品、提供助学金等方式，改善农村儿童的学习条件、开拓儿童视野，发挥教育资源优势，助力当地教育脱贫工作。

在第 11 届“文心雕龙杯”全国校园文学艺术大赛中，我校取得佳绩。尹沂蒙同学荣获“全国十佳小作家”；李芊澍同学荣获全国特等奖。宋彦霖、冯宇辰、孔令阳、刘子涵、黄玉洁、鲍欣蕾、车欣、彭元、武方艺、魏曼宁、邹乐媛、韩晶莹、马浥轩、胡天颐等 18 位同学荣获一等奖。学校荣获“全国校园文学写作示范单位”称号；校长韩相河获得“校园文学艺术教育示范单位模范校长”称号；吴静、张允、王贺 3 位老师荣获“模范教师”的称号。

7 月 18 日

由我校李玉杭、尹立凯、商容梁、宋祚勇、张展跃、周书欣、刘雨奇 7 位同学组成的骁腾队，在指导老师周志苹带领下，在德国法兰克福参加国际青少年科技创新大赛中获得金奖。

7 月 20 日

我校举行首届“结构设计大赛”，本次结构大赛产生特等奖获得者王志豪、周可玉和郭昊正同学，推荐参加同济大学 2018 年 9 月全国中学生结构邀请赛。

7 月 28 日

正高级教授、特级教师邵丽云，特级教师时均琪、全国优秀教师朱崇军，就如何做好初高中衔接为新生支招，为踏入实验中学的高一新同学们提供学习建议。